投資家が知っておくべき
「伊藤レポート」の衝撃

日本株は、
バブル
ではない

レオス・キャピタルワークス
最高運用責任者
藤野英人

ダイヤモンド社

はじめに

今水面下で静かに進んでいる歴史的な変革

時に、世の中の多くの人が気づかないうちに経済の歴史的トレンド転換が起きてしまうことがあります。そういう時には、その大きな転換に気づいた人が大きな資産を築き、それに気づかなかった人が資産を大きく失ってしまう、ということも歴史の中で繰り返されてきたことです。

そして今、そのような経済の歴史的トレンド転換が起き始めています。

それはアベノミクスの派手な金融緩和の影で密かに起きている変革です。

少し具体的にいうと、**日本の上場企業と株式市場が今、大きく変貌を遂げ始めているのです。**

そして、「貯蓄から投資へ」、「短期売買から長期投資へ」という今まで散々言われながらもスローガンで終わっていたことが、現実のトレンドとして力強く動き出し始めました。

私は株式投資の世界で20年以上ファンドマネジャーとして活動してきましたが、今ほど業界全体が地殻変動を起こし始めていると感じたことはありません。

本書では今上場企業と株式市場に起きている「地殻変動」について詳しく説明して、その中でどのような資産運用戦略を取ったらいいかについても具体的に説明していきます。

おそらく、**この時代の大きな転換をきちんと捉えるか捉えないかによって、10年後、20年後に資産面で大きな差がついてしまう可能性があります。**その時に泣きを見ないためにも、ぜひ本書をよく読んで資産運用の在り方について真剣に考えていただければと思います。

前著で私が主張したことが次々と現実のものに

本題に入る前に、少し私の自己紹介をさせていただきます。

私はレオス・キャピタルワークスという資産運用会社でファンドマネジャーをしています。

レオス・キャピタルワークスは２００３年に設立した会社です。

特に個人投資家向けに運用している「ひふみ投信」は２００８年の設定以来、基準価額（投資信託の価格）は6年間で3倍、３万円台にのせ、運用資産額も６００億円超（２０１５年6月末現在）にまで拡大しました。そして、運用成績が優秀なファンドに贈られる「Ｒ＆Ｉファンド大賞」の国内株式投信部門において２０１２年１位、２０１３年2位、２０１４年1位、２０１５年2位と、４年連続2位以内の成績で受賞を続けています。

そうしたことから「ひふみ投信」への問い合わせは増えていますし、個人投資家の方たちの間では「ひふみ投信」の運用ノウハウや組み入れ銘柄への関心が高まっています。

そうしたお声にお応えして、私も個人投資家向けのセミナーで積極的にお話ししたり、講演活動をしたり、雑誌のインタビューをお受けしたりしてきました。

２０１２年にはダイヤモンド社から『日経平均を捨てて、この日本株を買いなさい。』という本を出させていただきました。この本は個人投資家の方に資産運用の考え方やノウハウをお伝えしたいと思って作ったものでしたが、おかげ様で多くの方に読んでいただき、「とても役立った」という感謝のお声もずいぶん寄せていただきました。

実際にその本で書いてあることは、おおむねその通りになったと思います。具体的には、

● 日経平均8000円台の日本株はあまりにも割安であり、投資チャンスが来ている
● ただし、日経平均より良い個別株や投資信託を選んで投資する方が継続的に高い収益が期待できる
● 個別株は身の回りの成長企業を探せば、株価が何倍にもなるチャンスがたくさん見つかる
● 銘柄を選別して投資するアクティブ投資こそ世の中を良くすることに役立つ
● 投資信託は直販《ちょくはん》投信（金融機関の窓口を経由せずに、投資信託の運用会社から直接投信を購入するスタイル）、特にその中でもアクティブ型の直販投信がいい

などの主張です。

２０１２年から２０１５年にかけて株価が大きく上昇したのはご承知の通りです。これはアベノミクスによる株価浮揚策によるところも大きいですが、やはり、多くの優良企業の株がかなり割安な状態になっていたものが見直されて株価の水準訂正が起きたという面が大きいだろうと思います。

日経平均そのものも大きく上昇したので、「日経平均を捨てて」という主張はこの期間には当てはまらなかったのですが、優秀な個別株も、以前に比べて何倍にもなるものが続出しましたし、本の中で紹介した優秀なアクティブファンドは日経平均以上のパフォーマンスを軒並み上げましたので、「日経平均よりも、優秀な個別企業の株や優秀なアクティブファンドで運用するべし」という主張は当たったと思います。

特に、私の運用する「ひふみ投信」自身、その時以降ずっと「R＆Iファンド大賞」を受賞するという好成績を上げ続け、自らの主張を証明できたものと思っています。

●「世の中に役立つ良いビジネスをして成長している会社を見つけて、適正または割安な価格で投資する」ということを続ければ大きな投資成果が得られるということ

●一人ひとりがよく考えながら良い会社を選んで投資することこそ株式市場の機能を高め、日本経済を強くして、世の中を良くすることにもつながる

ということは特に大切な点で、何度でも強調したいところです。

日経平均2万円からの投資戦略はどうすればいいか

しかし、『日経平均を捨てて、この日本株を買いなさい。』の出版時に比べて株価はおおむね2倍以上の水準に値上がりしてしまいました。この状況でも「日本株を買いましょう」といえるのかという疑問が出てくるところだろうと思います。実際に、お会いする人の多くが「日経平均が2万円はもう高値なのか」「日本株はバブルなのか」などと質問されます。

そこで、最新の状況を踏まえて、2020年に向けた中長期的な投資の考え方を改めてお伝えするべく新しく本書を出版することにしました。

※本書ではこれ以降に『日経平均を捨てて、この日本株を買いなさい。』について

言及するときには「前著」と呼ぶことにします。

結論を言えば、日経平均2万円からでも日本株を買うべきだろうと思います。日経平均2万円からでも、きちんと会社やファンドを選んで投資すれば中長期的に高いパフォーマンスが得られるからです。

それは、冒頭でも述べたようにアベノミクスから始まった、水面下で進みつつある静かな企業改革、市場改革が行われ、中長期的な企業業績と株価の見通しがさらによくなってきていると考えられるからです。

では、どのような改革が起きているのか。そして、有望な株はどう選んだらいいのか、資金を託すならどのファンドがいいのか、この本ではそうした具体的なことを述べていきたいと思います。

レオス・キャピタルワークス
運用最高責任者
藤野英人

日本株は、バブルではない■目次

はじめに——1

1章　「新・三本の矢」で動き出した「2匹のタヌキ」

■追い詰められる2匹のタヌキ……16
■「異次元緩和」で株と為替は動いた……20
■「伊藤レポート」を読めば、今後日本がどう変わるかわかる……24
■「持続的に資本効率を高める」ことで、人の能力も最大に活かせる……27
■アベノミクスの「新展開」の中での投資戦略……36

2章　日本経済にのしかかる3つの問題と、異次元緩和で日本はどうなるのか

■アベノミクスの本当の狙い……40
■毎年の赤字の垂れ流しは止められるのか……44
■少子高齢化とともに増え続ける社会保障費……46
■リフレ策で、借金と社会保障費を実質的に減らす……49
■「異次元緩和」のメカニズム……54

3章　「伊藤レポート」の衝撃　——日本企業が本気で変わり始めている

■「伊藤レポート」はアベノミクスの成長戦略そのもの……62
■経済と株価のパフォーマンスを決定づける重要な指標「ROE」……66
■持続的に高ROEを維持するには、人を育てることが必要……69

■株価が上がること自体が、日本企業の国際競争力を高める……72
■企業が目指すべきROEの最低目標は8％……73
■日本企業の長期的な低ROEは、経営者と株主の怠慢による……77
■長期的に株価パフォーマンスが良い企業の4つの特徴……79
■オープンイノベーション、M&Aなどで変化に対応しているか……82
■資本の使い方のムダをチェックする……84
■内部留保としてため込まれる莫大な現金……87
■経営者の怠慢が内部留保を膨らませ、チャレンジしない企業体質に……90
■やる気ある若手社員たちの新たな挑戦が阻まれている……94
■オーナー経営者の強さの秘密と、サラリーマン経営者の強化法……96
■CFO、社外取締役、そして株主の監視も重要……99

4章 「スチュワードシップ・コード」「コーポレートガバナンス・コード」で証券業界も投資信託も変わる

■「インデックス運用偏重」と「短期主義」を排除せよ……102
■投資信託の短期主義にもメスを入れ、今後は良い投資信託文化へ……105
■今後は統合報告書などの定性情報が重要になり、数も豊富になる……109
■四半期決算の重要性は低下していく……113
■四半期決算は市場への影響力が低下する……116
■2つのガイドラインが機関投資家と企業を動かし始めている……118
■コーポレートガバナンス・コードで、株主に不利な増資などは撲滅へ……123
■「独立した社外取締役2名」の威力が発揮される……128
■「新・三本の矢」により、本格的な長期投資の時代が到来する……132

5章　今こそ、日本株を買いなさい

■国債暴落はあるか。その時資産価値はどうなるか……136
■日本の地価が3分の1になる?……140
■世界の株や通貨への分散は有望……142
■長期的に見ると株は圧倒的な高パフォーマンスとなる……144
■「厳選アクティブ投資」ほど有利な投資法はない……147
■成長株を探す公式は「株価＝EPS×PER」……151
■強い収益力の持続性を持つ「朝日印刷（銘柄コード3951）」……153
■「成長株探し3条件」と「買いポイント」……154
■大化け株は身近なところにある！「青い鳥理論」……158
■典型的な高ROE企業は、強いビジネスモデルを持つ会社……164
■伊藤レポートから学ぶ良い銘柄の選び方……166

■経済の中長期トレンド①　EC化比率（電子商取引比率）の上昇……168
■経済の中長期トレンド②　ロボット普及の拡大……170
■経済の中長期トレンド③　人材・研修ビジネスの需要が高まる……173
■経済の中長期トレンド④　電気自動車の世界的普及が本格化……175
■経済の中長期トレンド⑤　介護ビジネスの拡大とイノベーション……177
■期間限定のサブ戦略……
キャッシュリッチで株価上昇余地の大きい株の探し方……179
■実際に貸借対照表のチェックポイントを見てみよう……184
■厳選された優良投信を選べば、長期的に高成績が期待できる……190
■お勧めは国内株式型アクティブ投信、国際型の投信も検討に値する……192
■良いアクティブ投信を選ぶ4つのポイント……195
■投資信託選びでは、コストにも注意しよう……198
■投信の販売姿勢も運用成績に大きく影響する……201

■直販投信というイノベーション……203
■私が自信をもってお勧めする「厳選アクティブ投信」はこの5本……205
■国際分散投資を考えるならセゾン投信のこのファンド……211
おわりに――214

1章

「新・三本の矢」で
動き出した
「2匹のタヌキ」

追い詰められる2匹のタヌキ

日本経済が長期にわたり低迷を続けてなかなか本格的な回復・成長のプロセスに入れないでいたのは、日本社会全体に「非効率さ」が蔓延していて、さまざまな貴重な資源が無駄に扱われたり放置されたりしている状態が続いているからです。

それを象徴するのが、今からお話する2匹のタヌキです。

1匹目のタヌキは880兆円という現預金をため込んでいる「国民」というタヌキ、そしてもう1匹は300兆円という内部留保をため込んでいる「企業」というタヌキです。

日本には約1700兆円という世界第二位の個人金融資産がありますが、そのうちなんと880兆円も現預金のままため込まれています。

個人金融資産のうちの現預金の比率は52％です。この比率はアメリカでは13％、ユーロ圏で35％ですから、日本が突出して高いのです。この数字を見ただけでも、日本

図1-1　2匹のタヌキがお金をため込み、日本経済は停滞が続いている！

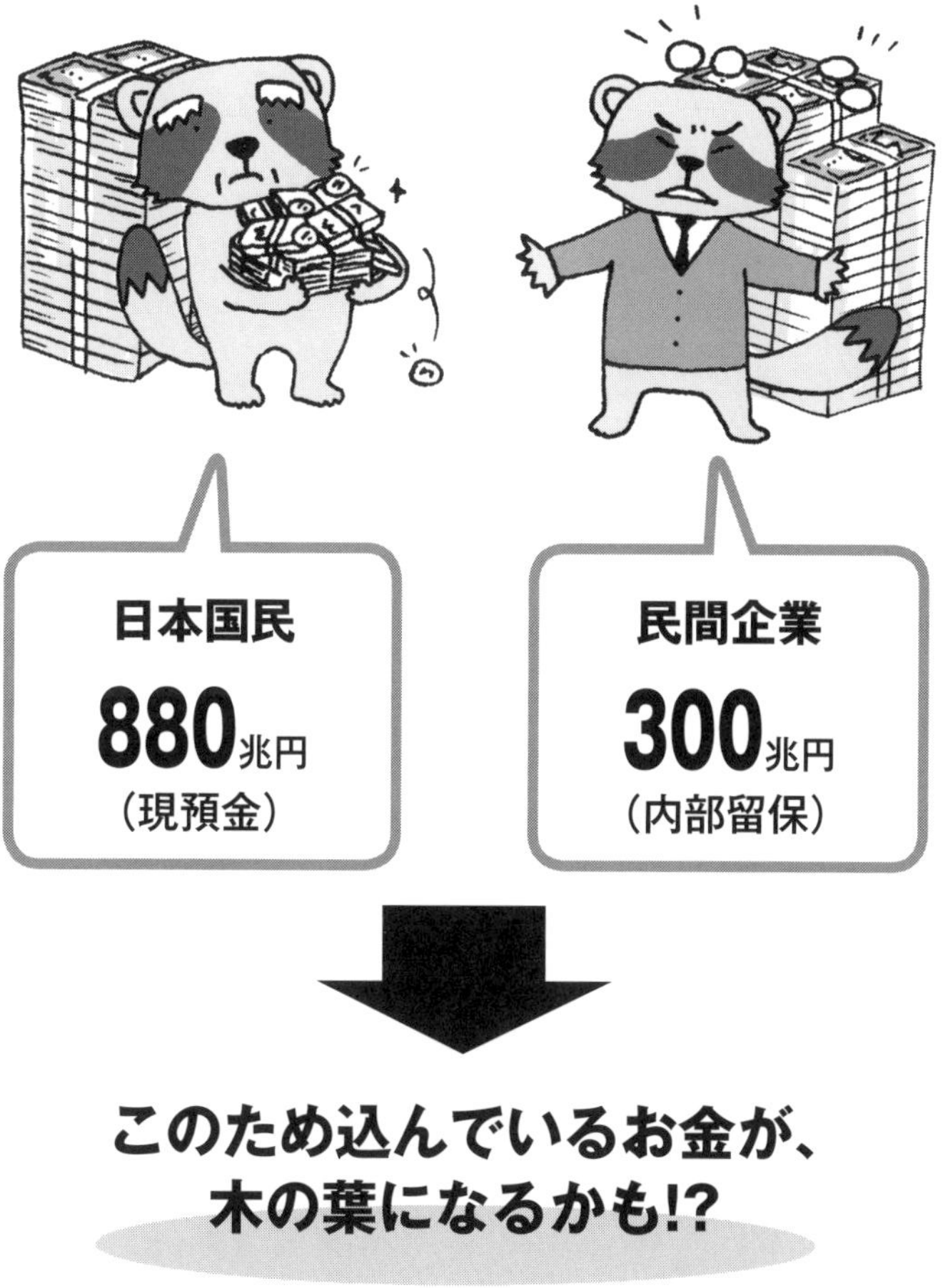

国民がいかにお金が大好きでそれをため込んでいるかという様子がわかります。これが「国民タヌキ」の姿です。

また、企業の「内部留保」というのは、企業が稼いだ利益のうち株主に配当しないで会社に留保した資金のことです。それが積もりに積もって現在は300兆円となっていて、その半分くらいは現預金やそれに近い形でため込まれていると思われます。

このように、「企業タヌキ」もたくさんの現預金を持っています。

両者の現預金を合わせれば約1000兆円。

なんと、よくもまあため込んだものです。

私は長年投資信託のファンドマネジャーという仕事をしながらお金の動きを見たり、データを見たり、お金を巡る人々の動きを見たりしてきましたが、「日本人はなんてお金が好きな国民なんだろう」とつくづく思います。

2014年1月に麻生太郎財務大臣が参議院本会議で内部留保を現預金の形でため込む企業の姿について「守銭奴」と表現し、「内部留保は昨年9月までの1年で304兆円から328兆円に増えた。毎月2兆円ずつたまった計算だ」、「その金を使って、何をするかを考えるのが当たり前だ。今の日本企業は間違いなくおかしい」などと述べました。私もまったくその通りだと思います。

自分のお金をためようと使おうと自由じゃないかという意見もありますが、お金をただため込むのではなくてよく考えて有効に使ったり投資したりすれば、世の中の人もモノももっと活発に動き出し、経済を活性化したり、より良くしたりすることができます。

お金は経済全体で考えると経済活動をスムーズにするための手段であり、個々の経済主体からすると何かを実現するための単なる手段にすぎないのです。

しかし、今の日本人はそれで何かを実現しようというのではなくて、お金をためることそのものが好きで、それを抱えて穴倉に隠れているタヌキのような存在になっています。

そうした様子を裏付けるのが、この1000兆円という莫大な現預金の残高です。

日本を長年苦しめてきた景気低迷、デフレの元凶はこの2匹のタヌキにあります。

バブル崩壊以降の20年間以上にわたり、日本人もそれなりに努力してきましたし、技術革新もさまざまな形で起こし続けてきました。金融緩和も散々やってきました。

それにもかかわらずなかなか経済の低迷から抜けられずに苦しみ続けてきたのは、この2匹のタヌキが何があってもデンと現金をため込み続けてきたからです。そのおかげで本来は経済の「血液」となり「エネルギー」となるはずのお金が順調に巡らず、日本経済は貧血ぎみで何度も倒れそうになってきたのです。

このため込まれた1000兆円にのぼる現預金の半分でも有効な投資へと動き始めたら、日本経済は劇的に復活するでしょうし、株式市場の風景も一変すると思います。アベノミクスの功績は、この2匹のタヌキの存在に気づいて、そのタヌキを一気に追い詰めて動き出させることに成功しつつあることです。

「異次元緩和」で株と為替は動いた……

アベノミクスで最初にズドーンと打ち込まれたのは「黒田バズーカ」と呼ばれる金融緩和でした。これは日銀が過去に例のないほどの資金量を供給する「異次元緩和」と呼ばれる金融緩和です。日銀総裁に就任したばかりの黒田東彦《はるひこ》さんが放ったその金融政策がバズーカ砲のような破壊力で金融市場の流れを変えてしまったことから、

「黒田バズーカ」と呼ばれるようになりました。

実際、２０１３年４月４日にこの政策が決定してから金融市場でのお金の流れがガラリと変わり、穴倉のタヌキたちも動きだして、それは急激な株価上昇と円安という形で現れました。日経平均は８０００円台から１万６０００円台に上昇し、ドル円相場は70円台から１００円前後まで円安になりました。

そして、２０１４年10月31日にはさらに「追加金融緩和」が行われ、日経平均は１万５０００円台から一気に１万８０００円台に乗せ、ドル円相場は１２０円台まで行きました。

それでも動き出したタヌキはほんの一部であり、大半のタヌキはまだ穴倉でお金を抱いたままじっとしています。そのために、「実体経済は株の動きほどよくない」などと言われたり、「アベノミクスは一部のお金持ちを儲けさせただけ」ということもいわれたりしてきました。

しかし、**この「黒田バズーカ」のハデさに目を奪われる裏で密かに進行している「仕掛け」があります。**この「仕掛け」が動き始めることで株式投資家はもちろん、財政、年金、雇用などの面から国民全体が大きな恩恵を受けることになるはずです。

この仕掛けはこの2015年以降に大きく動き出しています。その主なターゲットになっているのは、「企業タヌキ」の方です。それによって300兆円もの内部留保をため込んでいる「企業タヌキ」が完全に追い詰められ、大きく動き出しています。

日経平均の動きが追加緩和から2か月経過した2015年に入ってからも好調で、4月には15年ぶりに2万円台に乗りましたが、これは新しい仕掛けによる影響が大きいですし、その動きは今後さらにハッキリしてくるでしょう。そして2015年6月末の株主総会シーズンに向けてその動きが加速し、それは2015年4月時点ですでに株価上昇という形で表れてきています。

この動きは始まったばかりであり、2015年6月という大きな節目の時期を超えて2015年後半、さらには2016年以降にも、次々と変化の波が押し寄せてくるでしょう。

では、実際にどのような仕掛けがどのように働いて、今後の日本経済と日本株はどう動いていくのか、そのことを以下で述べてみたいと思います。

図1-2　2回の金融緩和と「ある出来事」により、株高が進行中

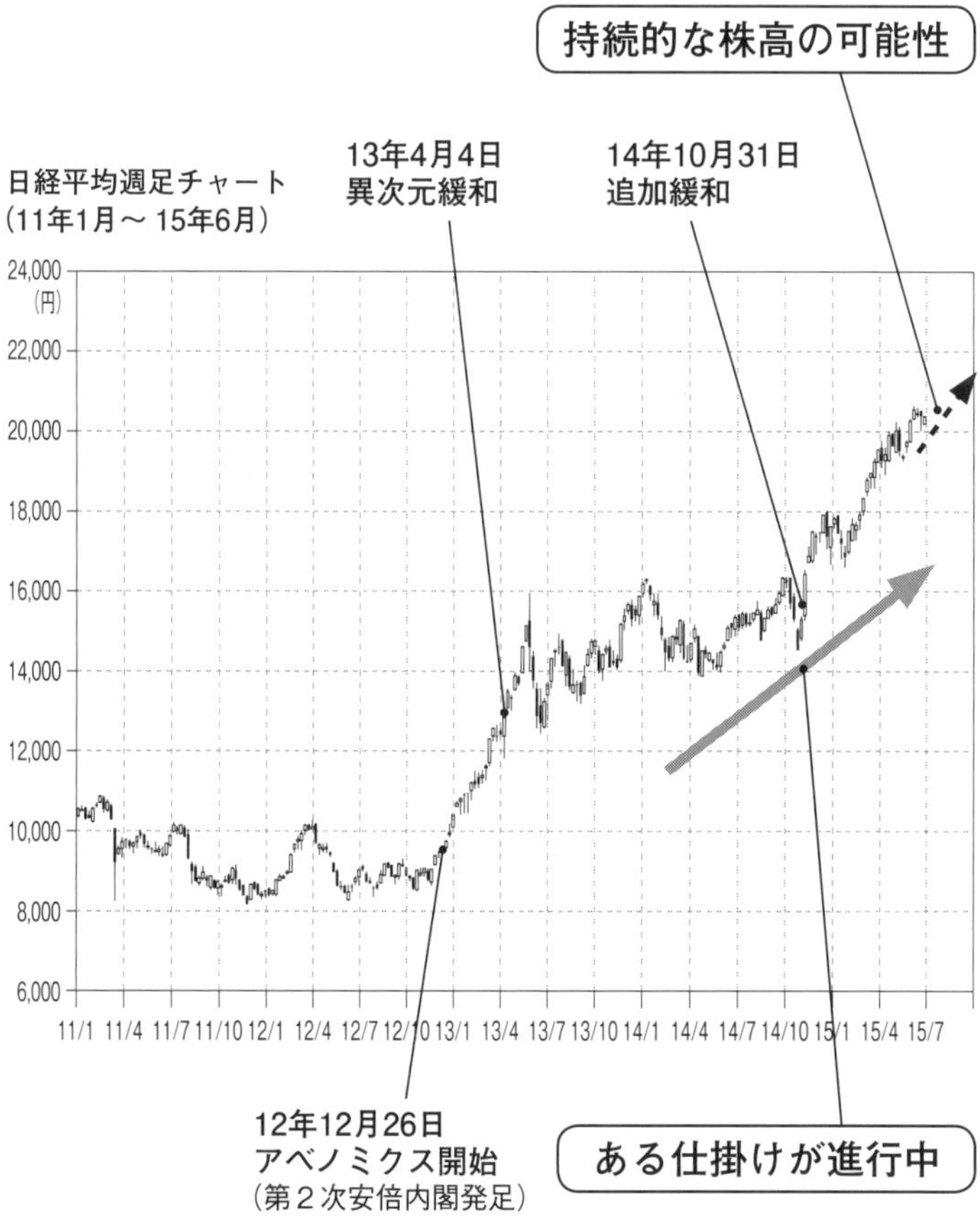

「伊藤レポート」を読めば、今後日本がどう変わるかわかる

新しい「仕掛け」というのは、「伊藤レポート」、「スチュワードシップ・コード」、「コーポレートガバナンス・コード」の3つです。いずれもアベノミクスの成長戦略が具体的に記されている『日本再興戦略』に基づいて作成されたもので、企業と株式市場に改革を迫る**アベノミクスの「新・三本の矢」ともいえるもの**です。

この中で特に重要なのは「伊藤レポート」です。

この伊藤レポートとは、経済産業省が音頭を取り、伊藤邦雄・一橋大学大学院商学研究科教授を座長として取りまとめられたレポートのことで、正式名称は『持続的成長への競争力とインセンティブ〜企業と投資家の望ましい関係構築〜』です。取りまとめた伊藤氏の名前をとって、通称「伊藤レポート」と呼ばれています。

表題の通り、日本企業の持続的な高収益を実現することが財政、年金、雇用などの問題を解決する最重要課題になるとして、それを実現するための企業改革と株式市場改革についてかなり緻密に書かれたレポートです。簡単にいえば、日本企業が今後、

成長していくためにはどんなことが必要なのか、という処方箋が書かれています。おそらく歴史に名を刻む名レポートになるでしょう。

こうした政府が取りまとめるレポートは私がこれまで見てきた限り的外れで期待外れなものばかりでしたが、伊藤レポートを初めて読んだとき私は腰を抜かすほど驚きました。

これまで私が投信運用業界の中で活動して感じていた問題点や課題などについては前著でもいろいろ指摘したのですが、そうした問題点が伊藤レポートの中でことごとく指摘され、私が考えていたのとほとんど同じ指針が示されていたからです。

私は投資信託の運用をしている立場から関係各所で、ことあるごとにさまざまな意見を言ってきましたが、ほとんど聞く耳を持ってもらえませんでした。そうした長い経験から「この国が変わっていくのは難しいことなんだな」とつくづく思っていたところでしたから、私が心底共感できる政策提言レポートが政府から出てこようとは思ってもいませんでした。

このレポートは100ページ以上におよぶかなり分厚いものですが、まったく無駄がなく、濃い中身が凝縮されたものです。1ページずつ私は食い入るように読み進めました。

この伊藤レポートはアベノミクスの成長戦略の核心部分を担うものであり、おそらくここから10年はこのレポートの指摘する方向に向かって上場企業と株式市場が変革を進めていくと思います。

つまり、伊藤レポートを読めば今後の上場企業と株式市場がどのように変貌を遂げていくか、その方向性がわかると思います。そうした意味で、伊藤レポートは企業の経営者と投資関係者の必読のレポートといえると思います。(伊藤レポートの概要は64ページ参照)

そして、「スチュワードシップ・コード」と「コーポレートガバナンス・コード」はその伊藤レポートが示した方向性をより具体化して生命保険や年金基金などの機関投資家と上場企業に具体的な行動を求めるガイドラインです。

いずれも法律ではないのですが、それに準じる強制力を持つような強力な通達です。これら3つがそろって「新・三本の矢」として強力に機能し始めているのです。

「持続的に資本効率を高める」ことで、人の能力も最大に活かせる

日本企業が今後も成長していくために必要なのは、「伊藤レポート」にある通り「持続的に資本効率を高めること」です。

単に「資本効率を高める」のではなくて、「持続的に」という点が重要であり、同レポートの中でもそれが繰り返し強調されています。

資本効率を高めるというのは事業資金を効率的に使うことを目指すものですが、それは単に金銭的な計算にとどまらず、そのことを通じて世の中のあらゆる貴重な資源の有効活用を目指すものです。

具体的には、

- 人がいかに能力を最大に発揮し、さらにそれを高めていけるか
- 組織をいかに効率的なものにできるか
- 技術や設備をいかに効率よく活かせるか

●社会や環境といかに良い関係を築けるか

ということを目指しています。

資本効率というと、「企業やお金持ちだけが儲かる話」とか、「人を使い捨てるブラック企業の身勝手な金儲けの話」と思われがちですが、そうではないのです。

人を使い捨てたり、社会や環境への配慮を考えずに身勝手に金儲けに走る会社は一時的には高収益を実現できるかもしれませんが、それは**持続的なものではありません。**

人を使い捨てる企業には、ブラック企業との評判が広まってやがて人が寄り付かなくなりますし、社会や環境への配慮を欠いて身勝手に金儲けに走る企業のビジネスモデルも、やがて法規制に引っ掛かるようになったり、悪い評判が広まるなどして長続きするものではありません。大切なのはそうした一時的な収益性の高さではありません。あくまでも「持続的」ということが大事なのです。

伊藤レポートの問題意識として、バブル崩壊以降、20年以上という長期にわたってどうして日本経済の低迷が続いたのかということがあります。それによって、国の財政は極度に悪化し、社会保障制度も危機に瀕し、株価の低迷も続いて、給料も上がらない状態が続いてきました。

その解決策としてたびたび景気対策が打たれてきましたし、企業もリストラを重ね、そのたびに景気や企業業績は上がるのですが、それは持続性のあるものではありませんでした。

その結果、日本の経済や株価のパフォーマンスは世界に比べて著しく低空飛行を続けてきました。

次ページのグラフを見てください。この20年、主要国の中で日本株だけが低迷を続けています。他の主要国の株価は何倍にもなっているのに、日本株はほとんど上がっていません。これでは世界における日本の存在感もどんどん低下してしまいますし、何より、私たちの生活や年金などの不安が広がるばかりです。

アベノミクスで日経平均は2万円の大台を回復しましたが、まだまだ長期的な低迷を取り戻すには程遠いですし、なによりもこの株高傾向を長期的で持続的なものにしないと意味がありません。

ここで求められるものは**一時的な回復策ではなくて、持続的な向上策です。**

そのために必要なことは人を使い捨てるのではなくて人を活かすこと、そして社会

図1-3 過去30年の、日本と主要国の株価推移の比較

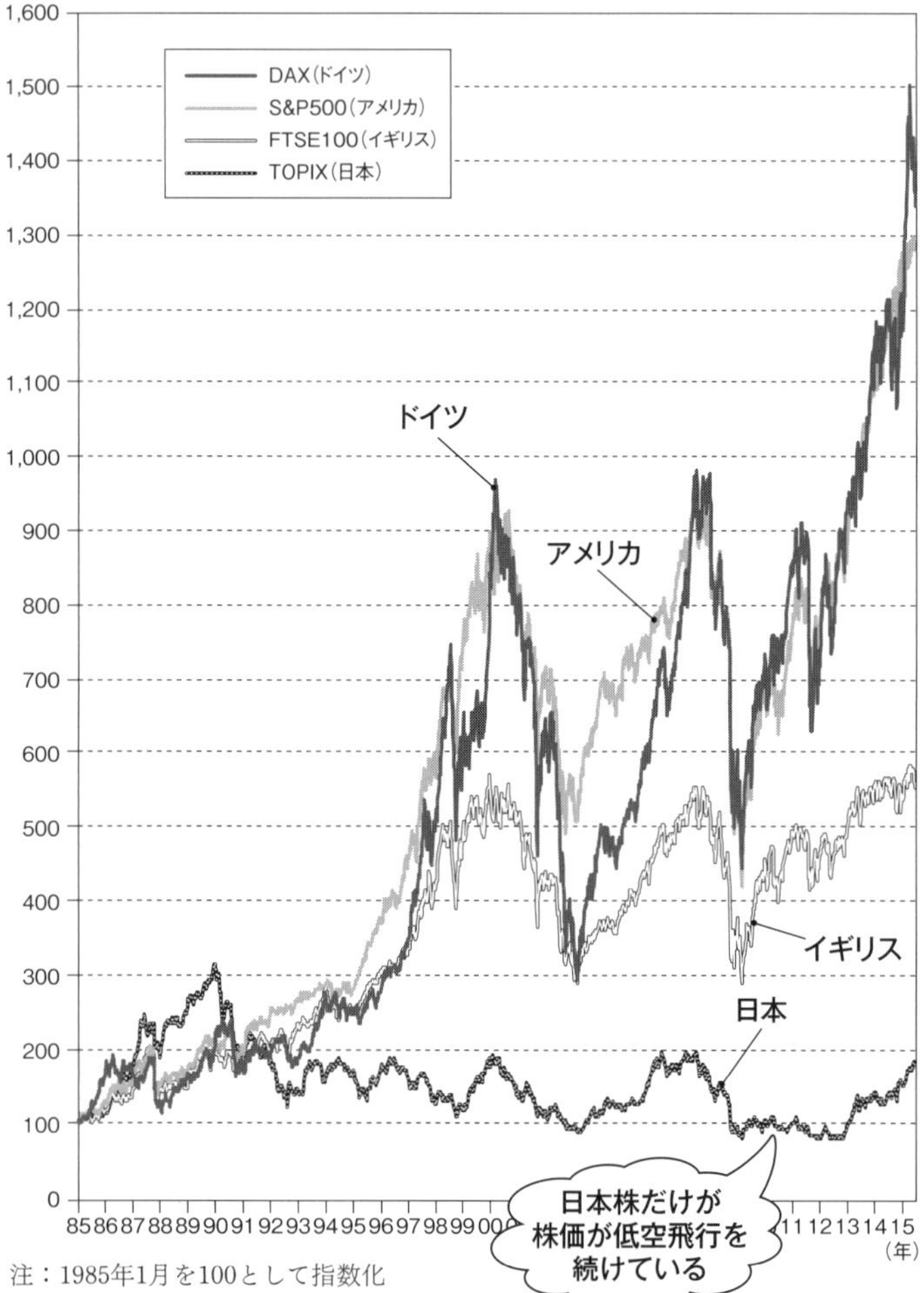

注：1985年1月を100として指数化
出所：ブルームバーグ

や環境とフレンドリーな関係を築くことです。
また、そうしたことを通じて社会をもっと便利で快適で楽しくするイノベーションを活発に起こしていくことです。
そのためには、日本企業全体がヒト、モノ、カネの活用法を根本的に変えていく必要があります。

そして、株主がオーナーとして企業の監視をきちんと行い、問題があれば株主総会などできちんと意思表明をするべきです。機関投資家など株の持ち合いで何も意見を言わない馴れ合いの関係性ではなく、いわゆる「もの言う株主」へ変わることが必要なのです。

そうすることによって企業の改革が進み、持続的な高収益性と株高が実現すれば、投資家自身の資産も増えますし、株式などで運用している年金資金も増えることになります。伊藤レポートでは日本がそのように、投資家・株主が自らの役割をきちんと果たして、その結果企業のパフォーマンスと資産運用パフォーマンスを大きく上げていくという「資産運用大国」になることを謳《うた》っています。それこそが少子高齢化社会の問題解決の解であるということです。

その第一歩が、「企業タヌキが抱え込んでいる現金を手放すこと」なのですが、その動きは2015年に入って以降雪崩《なだれ》を打つように起こり始めています。

「企業が抱え込んでいる現金を手放す」といいましたが、その現金の使い道は大きく分けると成長投資か株主還元ということになります。

成長投資は主にM&A（合弁・買収）か設備投資、株主還元は増配か自社株買いとなりますが、2015年以降に大規模な株主還元か成長投資をした事例を次ページにまとめました。これらの中では特に大規模な株主還元と成長投資を同時に発表した青山商事のインパクトが大きく、株価も発表から3か月で約50%も上昇しました。

成長投資では、機械業界最大手で世界的ロボットメーカーとしても有名なファナックが国内の工場や研究所に1300億円の投資をすることと、今後は株主との対話や株主還元を積極化すると発表しています。ファナックは14年度末の時点で8000億円強もの現預金を保有しているので、今後もかなり株主還元と成長投資の余力があります。

実は、かつてのファナックはIR（株主対応）にかなり消極的な会社として有名でした。日本がいまだに強い競争力を維持している機械セクターの中でも業績・時価総額ともにトップの企業だけに、「もう少しIRが良ければ」と嘆く投資家も多かった

図1-4 内部留保を活用し始めた主な企業の一覧

アマダ	2015年3月期からの4年で1000億円を株主に還元する方針をいち早く表明。さらに400億円のM＆A枠を設けた。
青山商事	2016年3月期からの3年間、純利益の1.3倍を配当と自社株買いにあて、事業分野を広げるためのM＆A（合併・買収）などに3年間で200億円を投資する。ROEを5％から7％にする目標。
富士フイルムホールディングス	2016年度までの3年間で2000億円強を株主還元する他、戦略的なM＆Aを行って過去最高益を実現し、ROEを4％程度から7％程度にひきあげる方針を表明。
ファナック	株主との対話窓口を作り個人投資家向けの工場見学を実施すること、利益の最大8割を自社株買いと配当にあてること、国内の工場や研究所に1300億円の投資をすることを発表。
キヤノン	スウェーデンの監視カメラ世界最大手、アクシスコミュニケーションズを約3300億円で買収しこの分野で一気に世界トップに。さらに、成長に向けてM＆A案件を探している。
近鉄エクスプレス	シンガポールの物流会社、APLロジスティクスを1400億円で買収。
任天堂	スマートフォンゲームのDeNAの株を10％取得し、同分野の強化を狙うことを表明。

図1-5 青山商事のチャート図

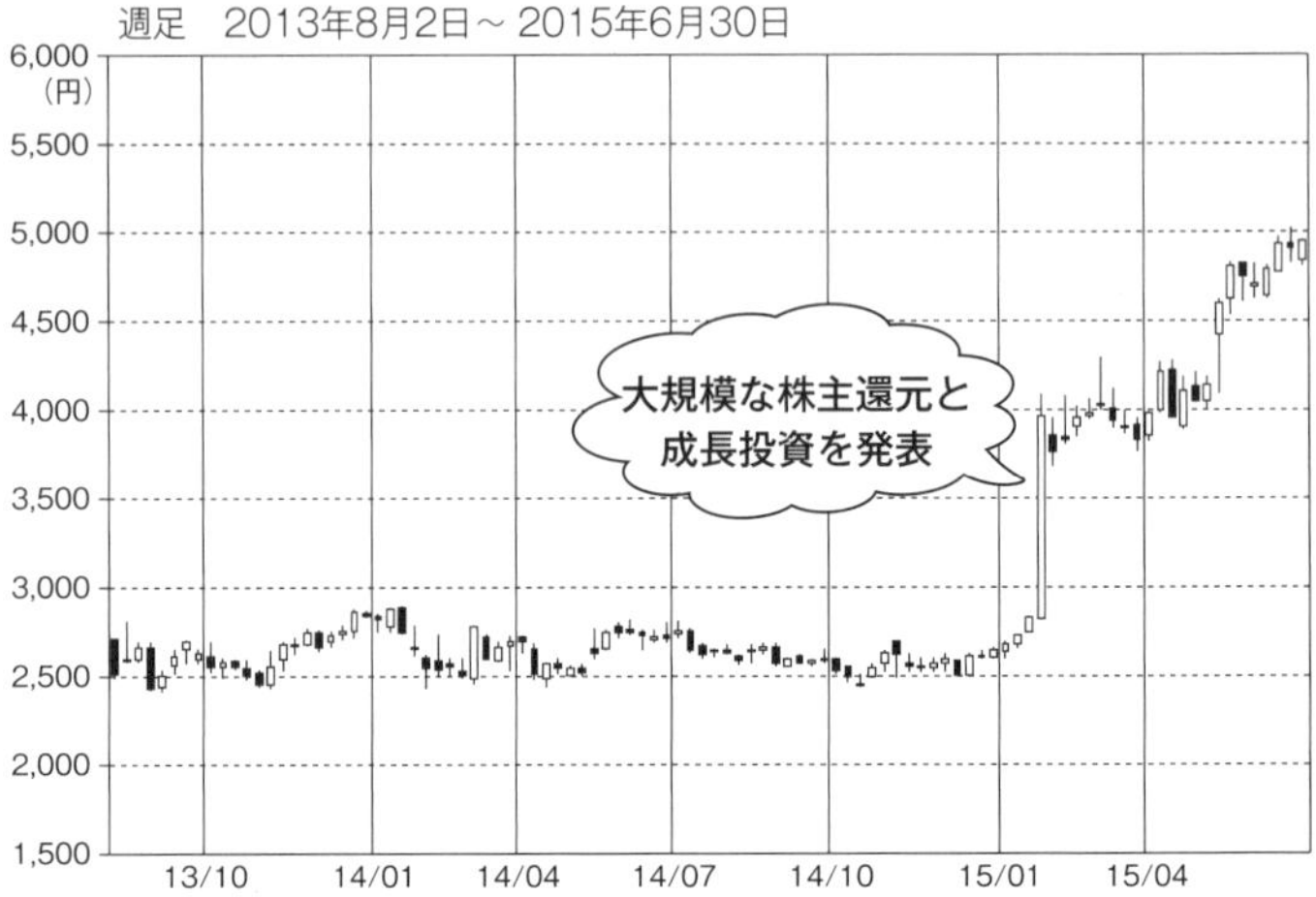

のですが、「あの黄色い会社が変わるわけない」というのが専門家たちの雰囲気でした。黄色はファナックのコーポレートカラーで、工場などの色が黄色いので「黄色い会社」と呼ばれるのですが、今までは「黄色い会社＝ＩＲ対応しない頑固な会社」と株式市場関係者からは思われていたのです。

そのファナックが15年4月に株主との対話窓口となる「ＳＲ（シェアホルダー・リレーションズ）部」を新設し、個人投資家向けに本社工場の見学会も開き、長期保有してくれる株主を増やす考えを示しました。稲葉善治社長も「時間の許す限り、私が対話に応じる」と言っています。

図1-6 ファナックのチャート図

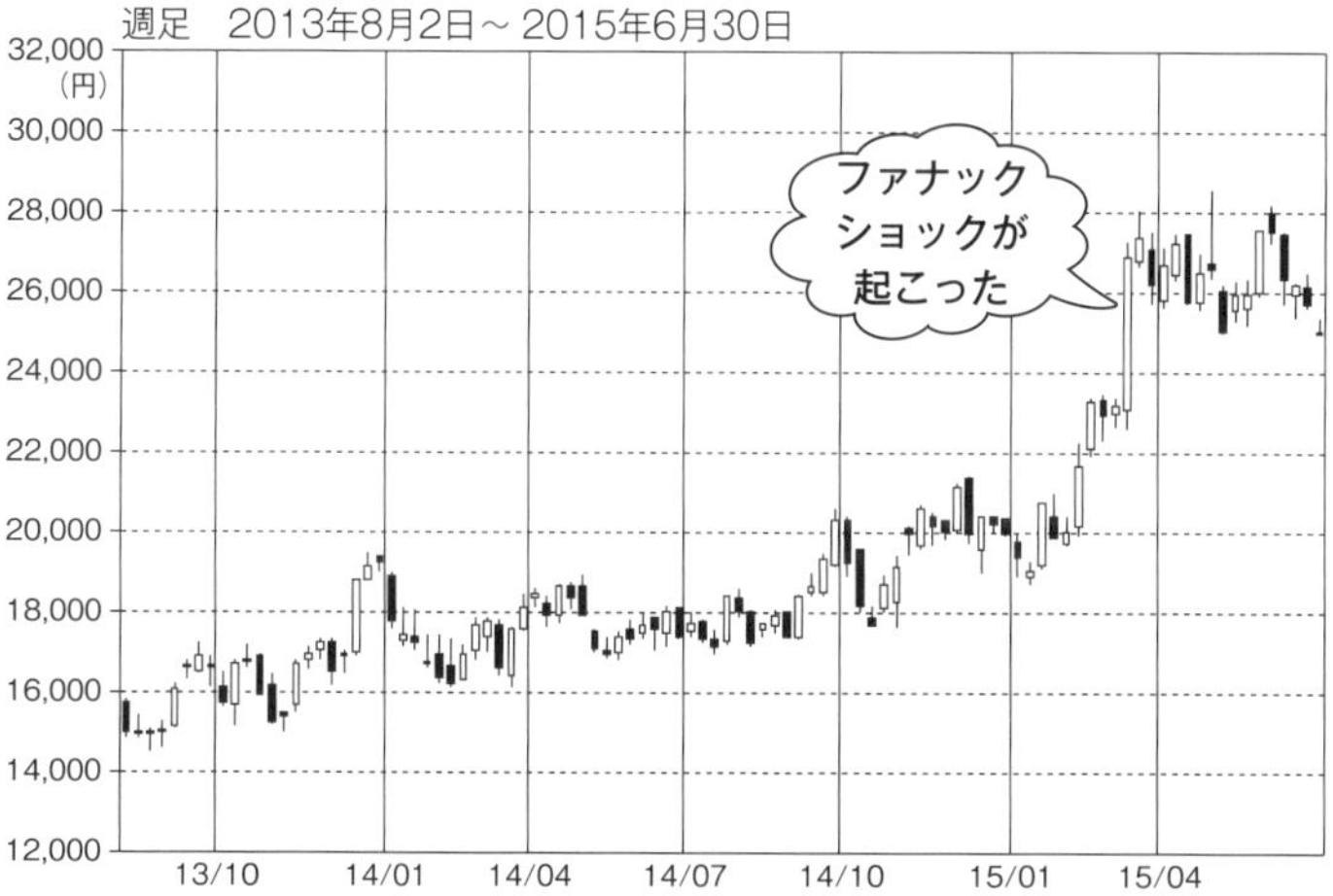

またファナックは抱え込んだ現預金の活用についても、15年2月に国内工場や研究所に1300億円を投じることを発表し、4月には配当性向（企業が稼いだ純利益のうち何％を株主に配当するかという率）を従来の30％からなんと80％へと大幅に引き上げることを発表しました。

以上のように、「新・三本の矢」の効果によって、「企業タヌキ」が穴倉から外に出てため込んだ資金をついに使い始めているのですが、2015年6月時点ではまだ主要企業のごく一部が動いているにすぎません。2015年後半から2016年にかけて、動きはさらに本格化するでしょう。

アベノミクスの「新展開」の中での投資戦略

好ましいと思うか思わないかにかかわらず、異次元緩和や「新・三本の矢」などのアベノミクスによって経済の流れは大きく転換し始めていますし、今後その歴史的な大トレンドがますますはっきりしてくるでしょう。

そのトレンドを正確に理解して資産運用について真剣に考えるかどうかによって、私たちの将来的な資産状況は大きく左右されることになります。

歴史を振り返っても、経済の流れの大きな変わり目においてそれに気づいて早く対応するかどうかでその人の資産状況が大きく変わるという状況はしばしば起きています。そして、今はまさにそういう局面なのです。

コツコツ働いて作った資産だからこそ、それを毀損しないように、できれば有効活用して殖やすように、今こそ真剣に考えるべき時です。

では、どうしたらいいのか。

株か、不動産か、金か。株ならばどのように銘柄選択したらいいのか。

図1-7　インフレで物価が上がる＝お金の価値が下がる

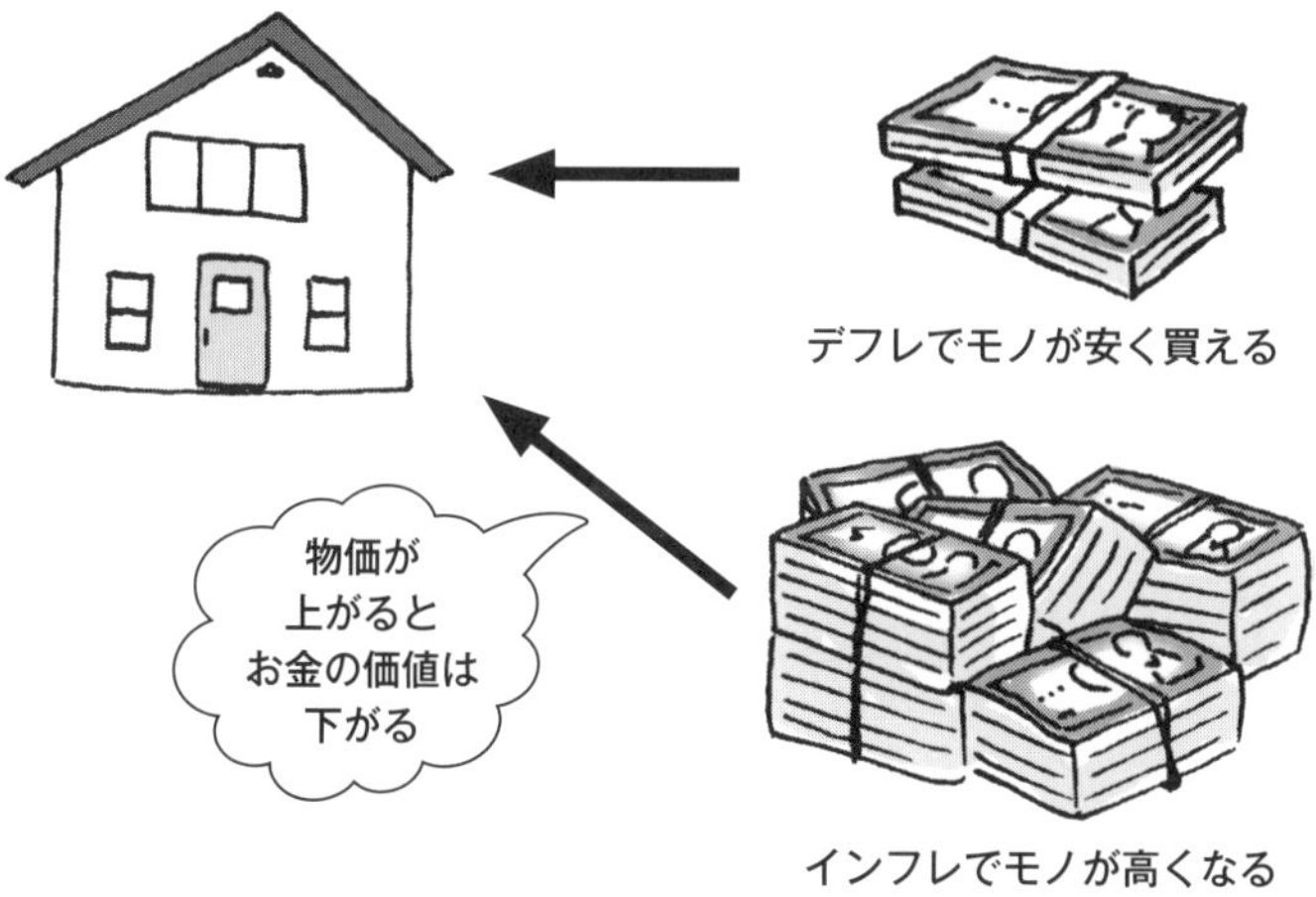
デフレでモノが安く買える
物価が上がるとお金の価値は下がる
インフレでモノが高くなる

まず、今後はお金をため込むだけの人にとっては大変厳しい状況になる、ということは言えると思います。お金そのものの価値が大きく毀損してしまうリスクが出てきているからです。つまりお金自体の価値が下がるのです。つタヌキのたとえ話でいうと、お金だと思って一所懸命ため込んでいたものが、葉っぱに変わってしまうように……。

インフレ傾向が進む中ではどうしても現金・預金、債券の価値は低下していき、年金の実質的な受給金額（インフレを考慮した価値）は低下していくでしょう。この点については2章で詳しく考えたいと思います。

不動産と金はある程度インフレ対応力がありますが、不動産については人口減少の中で価値が低下していくリスクが結構大きいと思います。

一方、よく考えながらリスクを取って株式株式投資と、それらを中心に運用する投資信託を活用する人はますます報われやすい状況になると思います。

アベノミクスがスタートして以来株価上昇が続き、２０１５年4月には日経平均が15年ぶりに2万円に到達しましたが、株式の収益性は「新・三本の矢」によってますますアップしていくでしょう。つまり株価はもっと上がっていく可能性があります。

たとえば、ＮＩＳＡ（少額投資非課税制度）や４０１ｋなど制度面からも積極的に株式投資する人をサポートする仕組みが作られていますし、それらの仕組みはますます改善されていくでしょう。そうした仕組みを積極的に利用する人にとっては報われやすい状況になると思います。税制の面でも、個人投資家のお金も貯蓄から投資へと振りわけるための下地ができつつあるわけです。

こうした状況の中で、具体的にどんな銘柄を選んだらいいのか、あるいは投資信託を選んだらいいのか。その考え方・ノウハウについては5章で詳しく述べたいと思いますが、まずは現在の日本経済の状況を解説したいと思います。

2章

日本経済にのしかかる3つの問題と、異次元緩和で日本はどうなるのか

アベノミクスの本当の狙い

1章では「2匹のタヌキ」を中心にしながら、日本経済と日本株を巡る状況をザッと見渡しましたが、本章からは一つひとつのポイントを少し詳しく見ていきましょう。

まず、日本経済の現在抱える問題点を整理してみます。

よく言われているように今の日本経済には、

- 財政問題
- 少子高齢化
- 経済成長力の低迷

という3つの大きな問題が横たわっています。それぞれが関連し合っていて、切り離せない問題となっています。

図2-1 日本経済の問題点

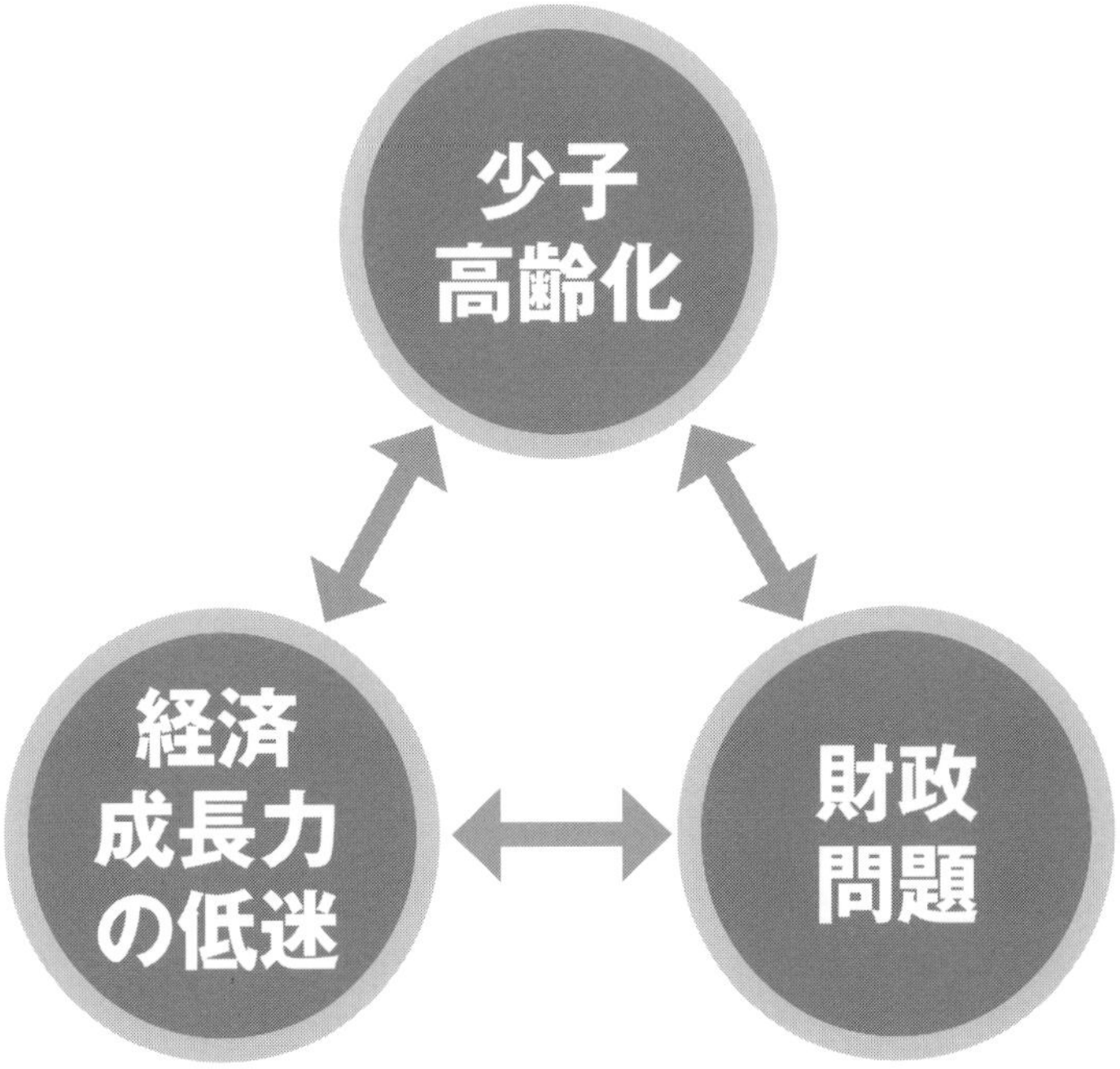

**日本経済の大きな
３つの問題点はそれぞれが
影響し合っている**

少子高齢化が進むから経済成長力も衰えてしまいますし、少子高齢化が進むことと経済成長力が衰えることから財政問題も深刻化してしまう、ということになります。

日本の公的債務はすでに1000兆円超に積みあがっています。

これは日本のGDP（国内総生産）の2倍を超え、第二次世界大戦時を超える水準となっており、現在世界の中でも最悪のレベルとなっています。

このことに関して、「国の借金は返さなくていい」という意見もあります。国は借金を返済しても、また借り換えることが比較的容易だからです。特に経済的に豊かで国民がたくさん金融資産を持っている日本のような国ではそうしたことが言えます。

確かに国はある程度借金の残高をキープしておくことはできるでしょうし、借金を無理に減らしていく必要は必ずしもないのかもしれません。

しかし、今の日本の財政については「公的債務の残高が莫大だ」ということも問題ですが、それ以上に **「借金の増加に歯止めがかからない」という点がなによりの問題** です。日本は借金を減らすどころか、年間30〜40兆円近いペースで借金を増やし続け

図2-2 個人の金融資産と国の借金の推移

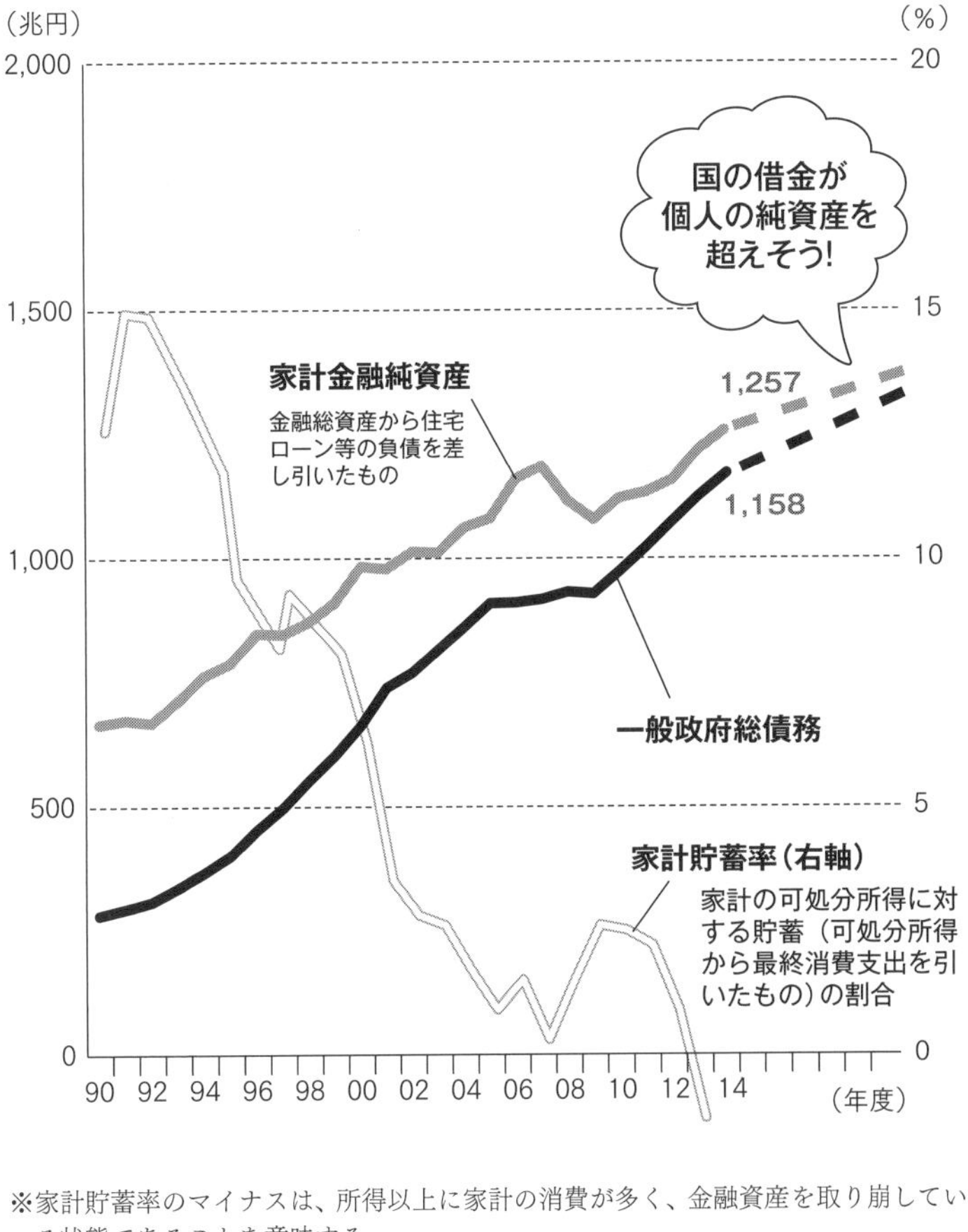

※家計貯蓄率のマイナスは、所得以上に家計の消費が多く、金融資産を取り崩している状態であることを意味する

出典：財務省『これからの日本のために財政を考える』より

ています。将来の財政破たんを避けたいのであれば、少なくともこうした借金の増加傾向は止める必要があります。

毎年の赤字の垂れ流しは止められるのか

いまだに借金が増え続けているのは、**税収よりも歳出が多い状態が続いているから**です。2014年度の日本の税収は約50兆円、その他の収入を合わせた歳入が約55兆円、それに対して歳出は約96兆円でした。

差し引き約41兆円を国債発行でまかなっている形ですが、歳出のうち約13兆円は国債の元本返済に充てられているので、それを考えると、国の借金の増加額は28兆円ということになります。

財政問題については専門家でも意見が分かれるところですが、このような「毎年の赤字」を減らす必要性については、誰も反対しないでしょう。左の図は2015年度一般会計予算案です。予算は約96・3兆円ですが、このうち歳出についてみると、国債の元利払いに充てられる費用など（国債費）と地方交付税交付金と社会保障関係費で、歳出全体の7割超を占めています。

図2-3 歳入の約4割は借金！

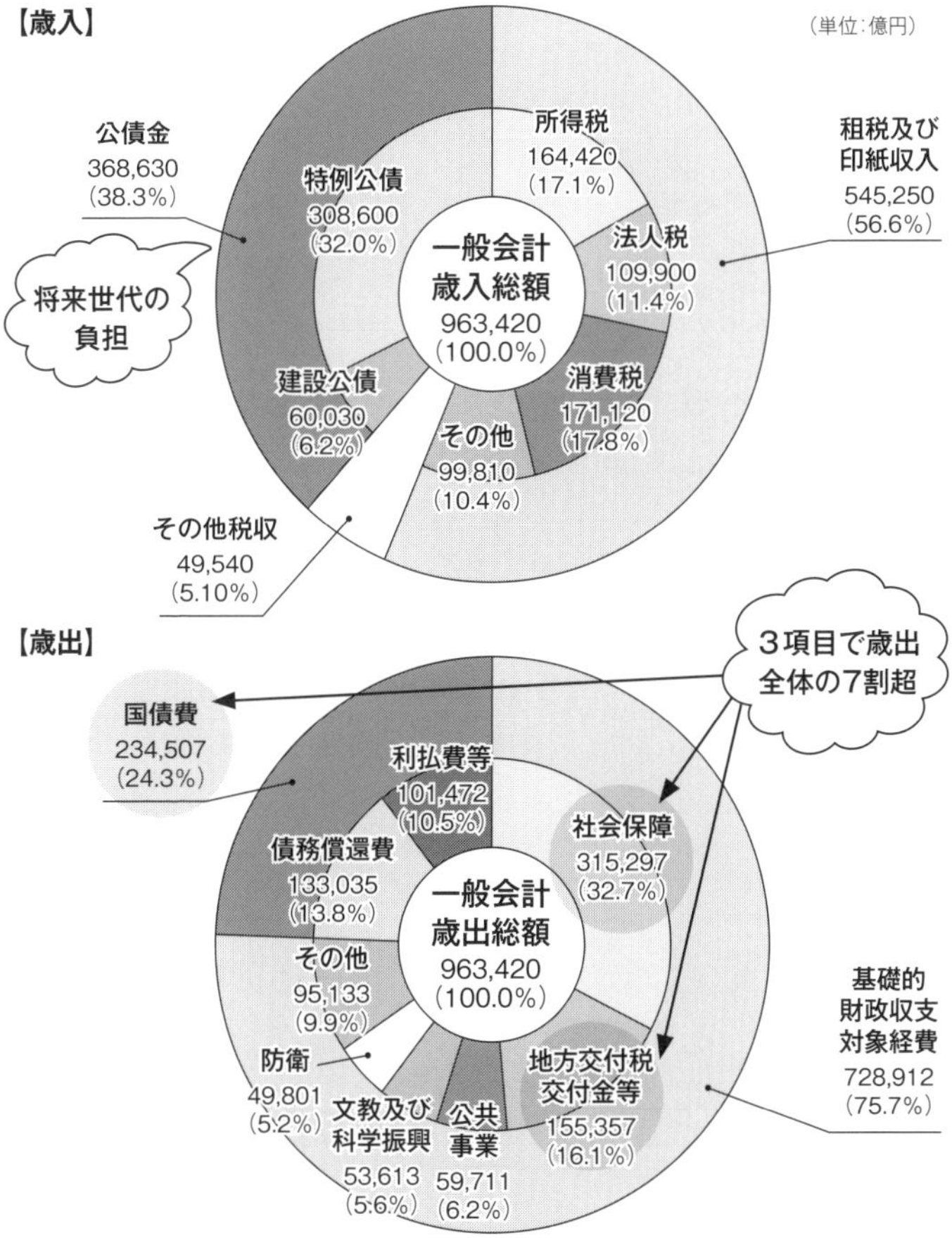

（注）一般歳出における社会保障関係費の割合：55.0%
※一般歳出とは、基礎的財政収支対象経費から地方交付税交付金等を除いたもの。
出典：2015年度一般会計予算（財務省HPより）

少子高齢化とともに増え続ける社会保障費

では、どうすれば毎年の赤字を減らせるかというと、

- 歳出を減らす
- 税収を増やす

のどちらか、あるいは両方が必要です。

歳出を減らすためには、政府のスリム化や公務員の給与カットなどを主張する人たちが多いですし、それは必要なのでしょうが、それだけではとても間に合いません。

前ページの円グラフを見ていただければわかりますが、国の歳出の最大の項目は社会保障費であり、それが約31兆円もの金額になっています。それは毎年1兆円を超えるようなすごい勢いで増えているからです。

その背景には少子高齢化があります。日本の年金制度は、現役世代の支払う年金保

険料で年金受給世代への年金支払いを賄う「賦《ふ》課《か》方式」と呼ばれる仕組みをとっているために、少子高齢化が進めば進むほど現役世代の保険料の支払額よりも、受給者への支払額が大きくなってしまいます。

現役世代の支払う年金保険料は上がる傾向にありますが、それでも間に合わず、国が税収から補う形になっています。同じように、健康保険も介護保険も不足分は税金が補う形になっています。それらを含めたものが社会保障関連の予算です。

できれば社会保障費を減らしたいところですが、少子高齢化が進む中でそれは困難です。せめてその増加ペースを落としたいところですが、年金、医療、介護などの社会保障費を減らすのは政治的にもなかなか難しいところです。小泉純一郎政権の時に毎年の増額ペースを少し落とそうとしただけで社会的に大きな反発が出て、そうした改革がとん挫してしまったという経緯もあります。

そうなると、あとは税収を増やすしかありません。

税収を増やすには、増税か経済活動を活発化させるかのどちらかしかありません。

このうち増税については、２０１４年４月の消費税増税の例を見てもわかるように、消費を落ち込ませてその分税収を減らしてしまうという副作用もありますし、なにより世間からの抵抗が強く政治的にそれを遂行するのはなかなか難しいものです。

となると、やはり、成長戦略を推進して、企業収益や私たちの収入を増やし、消費を活発化して、法人税、所得税、消費税などの税収を増やす努力が重要になります。

こうした成長戦略の推進は絶対に必要なことです。具体的には、TPPなどの導入により自由貿易を推進すること、さらに、雇用、農業、医療・介護などの分野で規制緩和をすることで、新しいビジネスの創出を促していくことが必要です。

そうした成長戦略の推進が最も重要であることは確かなのですが、正攻法だけではとても足りそうもありません。なにしろ、税収をあと5割以上上げていかなければならないですし、社会保障費はまだまだ増えることでしょう。

つまり**正攻法で経済成長の促進を一段と促しつつ、別の方法で公的債務や社会保障費を〝事実上減らす〟ということもどうしても必要なのです。**

リフレ策で、借金と社会保障費を実質的に減らす

そこで、安倍政権がまず大々的に打ち出したのが「リフレ政策」です。

リフレ政策というのは意図的にインフレを起こす政策です。

インフレというのは、世の中のモノの値段が全体的に上がっていくことです。日本では長年モノの値段が下がるデフレが続いていましたから、それとまったく逆の状況を作り出そうというわけです。


リフレ策には2つの狙いがあります。

一つ目は「景気の活性化」です。

後ほど詳しく説明しますが、インフレは世の中のお金の流通量が増えることで起こりますので、その過程でヒト、モノの動きも活発化して景気が活性化するという効果が期待できます。

厳密にいうとインフレにもいろいろな種類があり、原油が高騰するなどの要因でインフレが起きたり、インフレ率があまりにも高い場合には景気にブレーキをかけてし

まうケースもあります。あくまでも適度にお金の流通が活発化してマイルドなインフレを起こし、景気を活性化させるのです。

リフレ策のもう一つの狙いは「債務の実質的な削減」です。

たとえば単純に世の中のあらゆる値段が2倍になるケースを考えましょう。

この場合、企業の利益も私たちの収入も国の税収もすべて2倍になります。しかし、2倍になった収入でたくさん買い物をしようと思ってもすべてのものの値段が2倍になってしまいますから、買えるものの量は変わりません。すべてが2倍になる世界というのはそういう世界です。

しかし、借金の元本や預金の残高はそのままです。

すべての値段が2倍になった世界でそのままの状態でいるということは、実質的にすべてが半分の価値になってしまったことと変わりません。

つまり、2倍のインフレを起こすということは、借金の元本と預金を実質的に半分にするということです。

また、社会保障費の一番大きな金額を占める年金支給額は、インフレが進行するほどには上昇しない仕組みになっているので、インフレの世界では実質的に減額してしまうということになります。

整理すると、インフレのもとでは実質的に、

- 借金は減る
- 現金や預金は減る
- 年金支給額は減る（インフレ分ほどでないが）

ということになります。

「借金チャラ」とまではいきませんが、「借金半分チャラ」くらいの状況になる可能性はあります。そして、実質的に社会保障費が減りますから、国の財政にとっては大きなプラスになります。

これは実質的に国民の預貯金や年金支給額などを減らす政策ですから、**「アベノミクスは、お金をため込んでいる人からそのお金を奪いにいく政策」**ということもいえ

ます。

「奪いにいく政策」とは、少し刺激的な表現ですが、アベノミクスの本質をついているのではないでしょうか。

もちろん、ここで「奪う」と言っているのは「略奪する」という意味ではなくて、「合法的かつ私たちが気づかないうちに現金や預金の価値を毀損させる」という意味です。

「日本人がコツコツまじめに働いて貯めたお金の価値を減らすなんてけしからん！」と思う方も多いかもしれません。

しかし、私はアベノミクスのそうした意図を評価します。というよりも、日本経済が復活するには「今、それをするしかない」と思います。今の日本の財政問題を解決するにはある程度の国民負担はどうしても必要だと思いますし、リフレ策には先ほども述べたように人やモノの動きを活性化させる効果もあるからです。特に、資産を持っている人に「ただ現預金で保有している」という状態から「積極的に運用・活用する」ように促すことで、日本経済を活性化させ、日本を成長させる戦略として機能する効果が期待できます。

しかし、これだけデフレがしつこく続いている日本をインフレにするということが本当にできるのでしょうか。

世界を見渡し、過去の歴史を振り返るとインフレ自体は世界各国でたくさん起きています。

日本以外の先進国では最近では全体的にややインフレ率は低下してきましたが、それでも最近の10～20年くらいを振り返っても、だいたい1～3％程度のマイルドなインフレ状況が続いている国が多いです。

また、「10年で2倍」程度の比較的高いインフレも、歴史の中では比較的頻繁に起きています。

このように、先ほど述べた**「2倍のインフレ」というくらいの話なら決して非現実的な話ではないのです。そうなると「国の借金は半分チャラ」、その裏返しで「預貯金の価値は半減」、「年金は2～3割カット」ということが実質的に起きてしまうのです。**インフレになった場合、増税でも略奪でもなくこういうことができます。ですから経済学ではこうしたことをもって「インフレ税」などと呼んでいます。

「異次元緩和」のメカニズム

では、アベノミクスでは具体的にどのような方法でインフレを起こそうとしているのでしょうか。

経済学では世の中に流通するお金の量（マネーストック）に比例してインフレが起きることが知られています。**実質的な経済規模が変わらないままお金の流通量が2倍になれば、2倍のインフレが起きます。**

そして、流通するお金の量を増やしたり減らしたりしようとする政策を金融政策といい、これは日本銀行が担います。お金の量を増やす政策を金融緩和、お金の量を減らす政策を金融引き締めと言います。

そこで、安倍総理は金融緩和に積極的な黒田東彦さんを日銀の総裁としました。安倍総理から任命された黒田総裁は、就任早々の2013年4月4日に「異次元緩和《いじげんかんわ》」と一般的に呼ばれる（日本銀行自身は「質的・量的金融緩和」と言っている）大胆な金融緩和策を取りました。

この異次元緩和と呼ばれる金融政策は、具体的には国債や株価連動ETF（上場投資信託）やJリート（不動産投資信託）などを東京証券取引所などの市場を通じて、どんどん買い上げていく政策です。

それによって、日銀が金融機関に供給するお金であるマネタリーベースを2倍にし、さらに銀行が貸し出しなどの形で個人・企業に供給するマネーストックを増やし、消費者物価指数の上昇を年率2％に引き上げよう（＝お金の価値を2％毀損させること）というものです。

2014年10月30日には、その政策をさらに強める「追加緩和」を行いました。

この中で金額的に圧倒的に多く行われるのが国債の買い取りですが、それによって、

- 銀行が貸し出しを増やすための資金を大量に手にする
- 銀行貸し出しの金利が低下してお金が借りやすくなる

という効果によって、銀行の貸し出しが増えることが期待されます。

国は借金をまかなうために莫大な国債を発行してきましたし、今もしています。そ

の残高は800兆円以上、短期国債を入れると1000兆円近くになっています。そして、その主な買い手は銀行でした。銀行は莫大な預貯金を預かっていて、それによって国債を買い支える形になっていたのです。実際に、銀行の預貯金はどんどん増えているのに、銀行の貸し出しは増えず、銀行の国債保有ばかりが増えている状況でした。それを今度は日銀がどんどん買い取っていこうということをし始めたわけです。

国債を買い取ってもらった銀行は、その代金を手にした分、貸し出しのための原資が増えることになります。

また、日銀が国債を買うことで国債の利回りが低下します。国債は買う人が増えて国債そのものの価格が上がると、利回りは低下する仕組みになっているのです。そして、国債は世の中の金利の基準になっていますので、国債利回りが低下すると、銀行の貸し出し金利が低下して、お金が借りやすくなります。

以上のように、日銀による国債の大量の買い取りは、銀行の貸し出し原資増加と金利低下によって、銀行貸し出しを促す効果が期待できます。銀行貸し出しが増えれば、資金が必要な人たちに回り、新規事業の創出、設備投資、研究開発、住宅購入が増えることが期待されます。

図2-4 金融緩和とは日本銀行がお金を供給すること

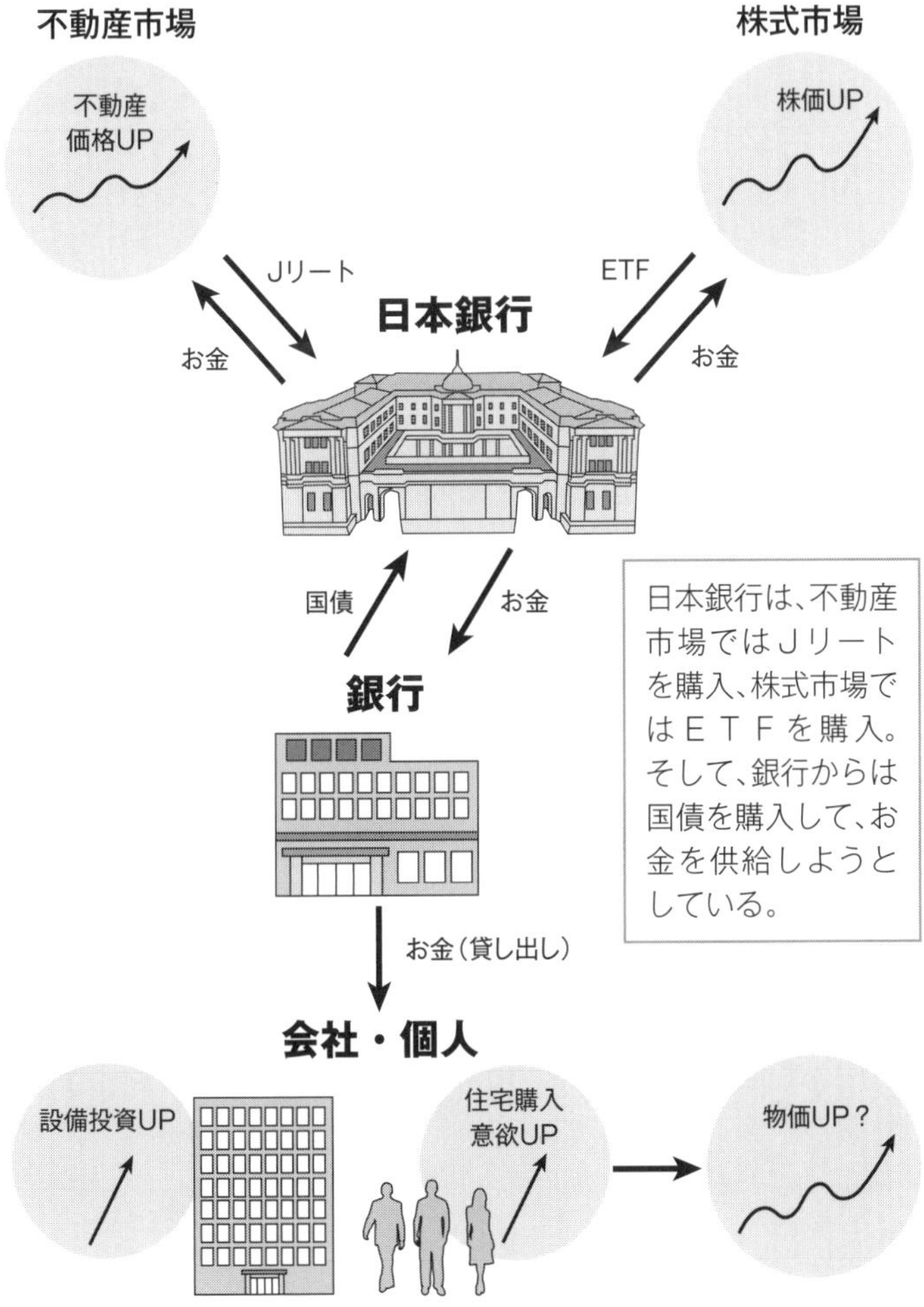

日本銀行は、不動産市場ではＪリートを購入、株式市場ではＥＴＦを購入。そして、銀行からは国債を購入して、お金を供給しようとしている。

株式については、正確に言えば日銀は株価指数連動型ETFを買っています。それは、TOPIXなど株価指数に連動する上場投資信託のことです。直接的に株式を買っているわけではないのですが、株価連動型ETFを買えば、その投信を通じて実際に株式が買い付けられていきます。そのことによって、株価が上昇しやすくなりますし、株価が上昇する期待感が高まって、株式投資にお金を回す人たちも増えてきます。

Jリート（不動産投資信託）についても、日銀がJリートを買い付けていくことで、この価格が上昇し、先高観が出ることで投資家たちがJリートにお金を投じるようになります。

そうなると、Jリートを通じて不動産業界にお金が流れやすくなり、不動産投資が活発化します。

以上のように、お金の巡りが良くなり、資金の流通量が増えてくると、株価上昇や景気指標の回復を通じて「株価もモノの値段も上がりそうだな」と多くの人が感じるようになり、「金利が極めて低い状態で現預金を抱えていても、その実質的な価値が毀損していってしまう」という危機感が出始めます。

そして、ため込まれていたお金もおびき出されて、株なり不動産なり外貨なり、現預金以外で運用されるようなってくる、ということが見込まれていますし、実際そういう動きが出始めています。

その成果は、まずは金融市場で劇的に出ました。安倍総理が就任前にリフレ策を明言してから、日経平均は約2倍になり、円はドルに対して30％以上価値を落としました。「お金の価値を毀損させて、それを積極的な活用・運用へと促して、その成果を上げやすくする」ということが一つの成果として現れたといえます。

しかし、アベノミクスはまだ序の口です。

まだ個人の保有する現預金もその一部が動いたにすぎず依然大きく積みあがったままですし、企業の内部留保も積みあがったままです。

そして、**マネタリーベースは2倍以上になったのに、マネーストックは1・1倍程度にしかなっていません。**これは、日銀から銀行にはたくさん資金供給しているのに、銀行から企業や個人へお金が流れていないということを意味します。

すでに述べたように、企業や個人もたくさん現預金を抱えていますが、それをため込んだまま使おうとしません。

その結果、お金の流れも経済も期待されたほどは活性化していませんし、目標とする2%のインフレには2年たっても達成せず、1%前後かそれ以下の水準にとどまっています。

消費者物価指数もマイナス圏というデフレは脱したものの、目標からするとまだまだです。それが2015年半ば時点での現状です。

こうしたことをもって、アベノミクスに対する批判も出ています。

しかし、アベノミクスの成果が本格的に出てくるのはこれからではないかと思います。というのは、1章ですでに述べたようにアベノミクスの成長戦略を担う「新・三本の矢」が今発動し始めているからです。それによって、「企業タヌキ」が動き出して、まずはため込んでいるお金の有効活用を模索し始めています。実際に企業はため込んだ現預金を猛烈な勢いで活用し始めているのです。

次章では「新・三本の矢」と、それによって今後の日本経済と株式市場がどうなっていくかということについて詳しく見ていきましょう。

3章

「伊藤レポート」の衝撃
——日本企業が本気で変わり始めている

「伊藤レポート」はアベノミクスの成長戦略そのもの

金融緩和、財政政策、成長戦略というアベノミクスの政策のうち、最も大事だといわれながらなかなか進まなかった「成長戦略」が2015年に入ってから一気に進み始めています。具体的には、本書で「新・三本の矢」と呼んでいる、

1　伊藤レポート
2　スチュワードシップ・コード
3　コーポレートガバナンス・コード

が運用され始め、それが日本経済のエンジンといえる上場企業と株式市場に本格的な改革を起こし始めているのです（「スチュワードシップ・コード」と「コーポレートガバナンス・コード」については次章の4章で詳しく説明します）。

1章で紹介したように、この「新・三本の矢」に促されるように青山商事やファナックや任天堂など名だたる企業が余剰資金の活用に大きく舵を切り始めていますし、株価もそれを織り込む形で大きく動き始めています。

図3-1「新・三本の矢」で企業が変わる！

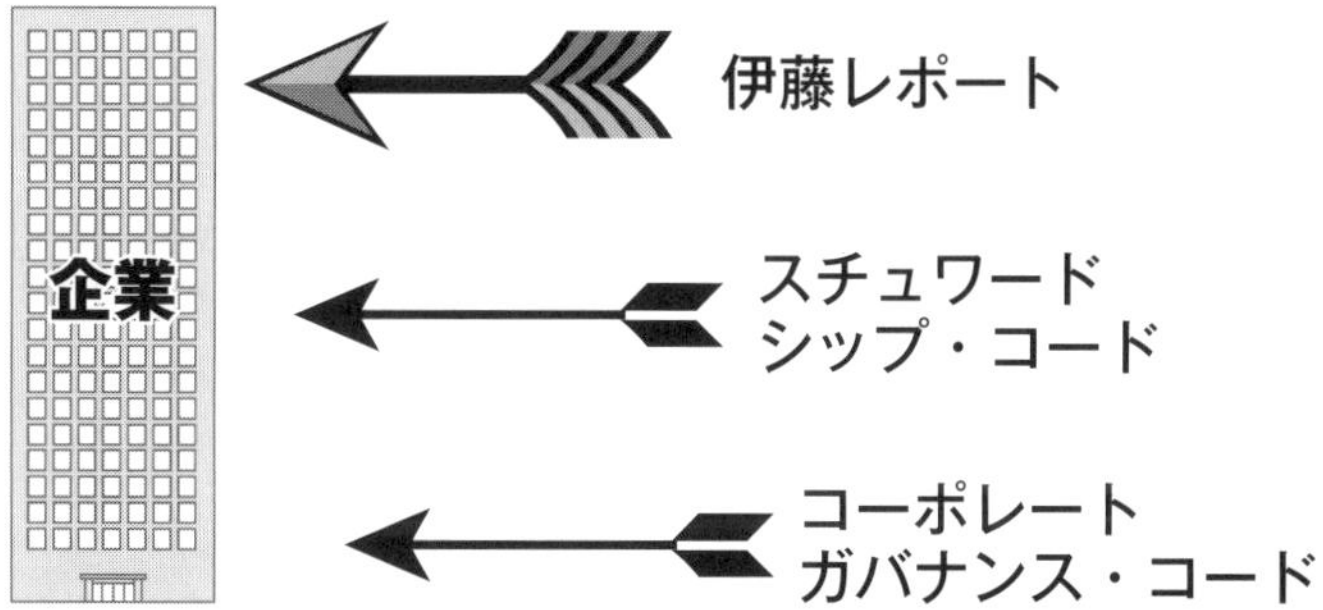

また、私を含めてファンドマネジャーの元には、上場企業のIR担当者や経営者自身がかなり盛んに面談に来るようになりました。会社の経営方針や株主還元策を説明したり、私たちファンドマネジャー側の意向を聞くためです。それと同時に、伊藤レポート、スチュワードシップ・コード、コーポレートガバナンス・コードにどう対応していくかという勉強会が上場企業の担当者の間でかなりさかんに行われ始めています。

このように、「新・三本の矢」は、上場企業と株式市場に大きなインパクトを与えています。その中でも、特にバイブル的な存在の「伊藤レポート」は、経営者と投資家の必読のレポートです。その中身をここから紹介していきます。

1 企業と投資家の「協創」による持続的価値創造を

企業と投資家、企業価値と株主価値を対立的に捉えることなく、「協創（協調）」の成果として持続的な企業価値向上を目指すべき。

2 資本コストを上回るＲＯＥ（自己資本利益率）を、そして資本効率革命を

ＲＯＥを現場の経営指標に落とし込むことで高いモチベーションを引き出し、中長期的にＲＯＥ向上を目指す「日本型ＲＯＥ経営」が必要。

「資本コスト」を上回る企業が価値創造企業であり、その水準は個々に異なるが、グローバルな投資家との対話では、８％を上回るＲＯＥを最低ラインとし、より高い水準を目指すべき。

3 全体最適に立ったインベストメント・チェーン変革を

インベストメント・チェーン（資金の拠出者から、資金を最終的に事業活動に使う企業までの経路）の弱さや短期化等の問題を克服し、全体最適に

出典：経済産業省のホームページより

図3-2 伊藤レポートの概要

向けて変革することは、21世紀の日本の国富を豊かにすることにつながる。

4 企業と投資家による「高質の対話」を追求する「対話先進国」へ

企業と投資家の信頼関係を構築する上で、企業価値創造プロセスを伝える開示と建設的で質の高い「対話・エンゲージメント」が車の両輪。

本報告書では、「スチュワードシップ・コード」等で求められる対話・エンゲージメントの目的、取り扱うべき事項、方法、企業と投資家に求められる姿勢と実力等を包括的にとりまとめた。

5 「経営者・投資家フォーラム（仮）」の創設

産業界と投資家、市場関係者、関係機関等から成る「経営者・投資家フォーラム（Management-Investor Forum：MIF）（仮）」を創設すべき。

そこでは、中長期的な情報開示や統合報告のあり方、建設的な対話促進の方策等を継続的に協議し、実現に向けた制度上・実務上の方策が検討される。

経済と株価のパフォーマンスを決定づける重要な指標「ROE」

伊藤レポートは「持続的成長への競争力とインセンティブ～企業と投資家の望ましい関係構築」という正式名称の通り、**日本企業ひいては日本経済が持続的に成長していくためにはどうしたらいいか**ということをテーマにして、特に企業と投資家の関係を構築しなおすことをテーマにしています。

伊藤レポートは企業の収益性を図るもっとも重要な指標としてROEを用いています。ROEは「純利益÷自己資本」という式で計算できる指標で、その会社が株主から預かった資本をどのくらい効率よく運用して純利益を生み出しているかを見る利回りです。

そして、長期的に見ると株主にもたらされる収益率はROEの水準へと収れんしていく（同じくらいの水準になっていく）傾向があることが理論的にもデータ的にも知られています。

もちろん、高いROEの会社を見つけたとして、それをいくらで買うかによって投

図3-3 伊藤レポートが注目するROEとは？

ROE ＝ 純利益 ÷ 自己資本

（自己資本利益率）

純利益：企業が売上高からあらゆるコストを差し引いて、最後に税金も差し引いて、最終的に残る利益

自己資本：株主が株式を所有する代わりに企業に提供している資本。会社が株式を発行したときに株主から振り込まれた資本金と、その後事業で稼いだ利益のうち配当せずに内部留保したお金を合計。事業の元手資金ともいえるもの

↓

ROEが高いほど、効率的に自己資本を利用して利益を上げていることになる

図3-4 ROEの目標値

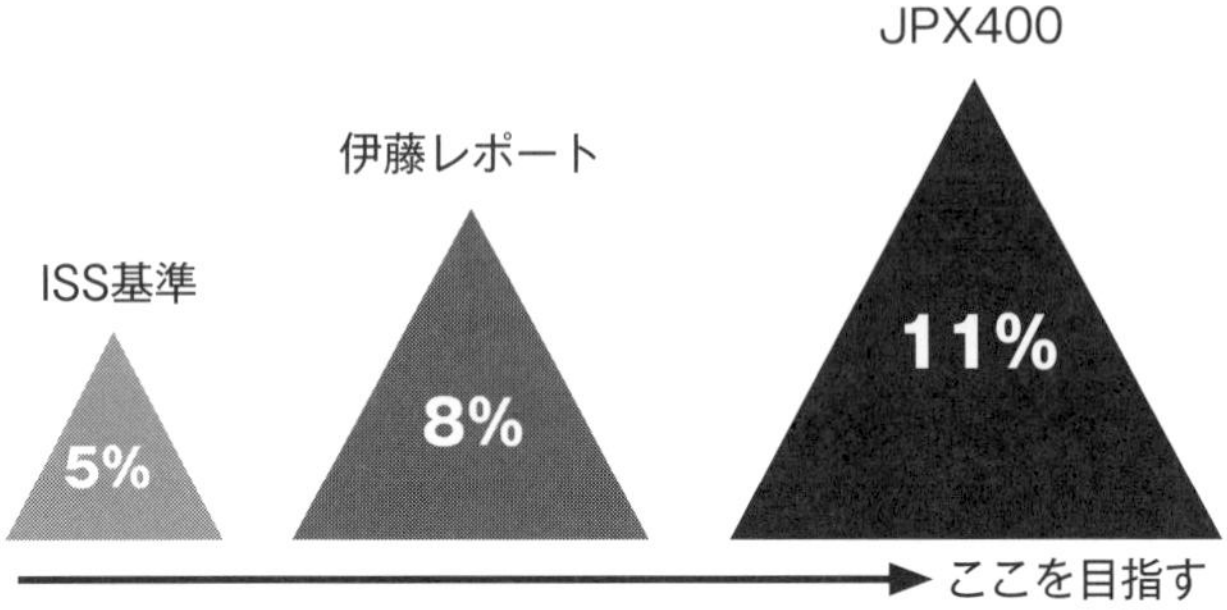

ROEの目標について伊藤レポートでは「最低8％」と明言。機関投資家に議決権行使のアドバイスをする「ISS」では「過去3年平均で5％未満」の経営者を不信任にすることを提言。ROEを基準に採用銘柄を選定することで注目が高まっている株価指数「JPX400」では、採用されるラインが2015年6月現在11％前後となっていて、この水準を目指す企業も多い。

（出典：レオス・キャピタルワークス）

資家にとっての投資パフォーマンスは異なってくるのですが、そのあたりの投資の考え方は後述するとして、ここでは、**「株式投資の長期的なパフォーマンスはＲＯＥの水準によって決まる」**ということを押さえておいてください。

このようにＲＯＥは企業の収益性と株主の長期的な収益性の両方を表すものなのですが、２０１２年時点では欧州の主要企業の平均が15％、米国が20％であるのに対して、日本は約５％程度となっていることが伊藤レポートで指摘されています。アベノミクスによって2014年までには、日本の主要企業の平均ROEは8％程度まで上がってきましたが、それでも欧米に比べてかなり低い水準です し、個別で見ると3～5％程度と低空飛行の企業もたくさんあります。こういう状況を伊藤レポートは問題視しているのです。このような低ROE企業が、1990年以降20年以上にわたる日本経済と日本株のパフォーマンスの低迷の背景として横たわっているわけであり、伊藤レポートでは、

「日本企業のROEが低いのはなぜか」
「日本企業のROEをいかに持続的に高めていけるか」

ということを主題として掘り下げて考えています。

持続的に高ROEを維持するには、人を育てることが必要

このように上場企業の収益や株式投資のパフォーマンスという話になると、「やはりアベノミクスは大企業と投資家のことしか考えていないのか」と思われてしまうか

もしれません。

しかし、伊藤レポートでは日本が抱えるさまざまな問題、たとえば、財政問題、年金問題、さらに企業の国際的な競争力の低下や会社員の給料がなかなか上がらない問題などを解決するカギをＲＯＥが握っていることを、さまざまな調査結果を使いながら主張し、問題解決のための提言を行っています。

従業員を安い給料でこき使って使い捨てたり、立場を利用して取引先に過度の値下げを要求していじめたり、社会に迷惑をかけたり、自然破壊行為をしたり……というような行為をしてまで利益を上げれば一時的にはＲＯＥは上がるかもしれませんが、それは持続的なものではありません。それどころか、長い目で見ればその会社の信頼を失わせ、優秀な従業員や取引先は離れ、顧客からも見放されてしまいます。そうではなくて、従業員、取引先、顧客などのステークホルダーとも、そして社会や自然とも良い関係を築いていく必要があります。

特に、人材は少子高齢化が進展する日本においては貴重な資源になりつつあります。すでに飲食店や工事現場などでの人材採用がかなり難しくなっていますし、最近は地方企業の人材採用が難しくなっていて、地方経済の回復のボトルネックになっているということも指摘され始めています。

こういう状況を見ても、日本において人材というのは非常に貴重な資源になりつつあり、使い捨てている余裕はまったくなくなっています。特に若い人材は大事に育てて職業的能力を高め、労働生産性を高めていくことが絶対的に重要になっています。

教育制度を充実させることも含めて、人を育てていくことに力を入れることにより労働生産性を高めれば（一人ひとりが生み出す付加価値を高めれば）、その時こそROEは持続的に上がっていくことになります。

もし労働生産性が上がって、一人が生み出す付加価値が2倍になれば、給料を2倍にしても企業の利益も2倍になって、ROEも2倍になって、株主のパフォーマンスも2倍になると考えられます。

このように持続的にROEを上げるには人材育成がとても重要な課題になりますが、それを含めて、

- 現預金、設備、在庫、設備などの資産を効率的に使う
- 技術、ノウハウ、ブランド力、顧客基盤など目に見えない資産も効率的に使う

●従業員、取引先、顧客などステークホルダーとの長期的に良好な関係を築く
●社会や自然などにも配慮する

という経営が必要であると伊藤レポートは強調しています。

そのようにして収益を上げれば、顧客満足度を上げ、雇用を生み出し、給料も上げることもでき、取引先にも適正な価格で多くの注文を発注することが可能になります。そして、ROEが上がれば株価や配当も上がるでしょう。そうなれば、年金の運用利回りは上がり、企業や投資家からの税収が増えるので、財政問題や社会保障問題の解決にも役立ちます。

株価が上がること自体が、日本企業の国際競争力を高める

さらに、株価が上がること自体が企業の力を高めることになります。

伊藤レポートが指摘する通り、M&Aにおいては株式交換が主な手法になり、そうした意味では、時価総額が「通貨」の働きをするようになってきたからです。

株式交換による買収というのは、買収先の企業1株に対して自社の株何株を割り当

てるかをファンダメンタルズ（経済の基礎的条件）や最近の株価推移などから決めて、買収先企業の株主に自社の株を渡すことで買収先企業の株を手に入れる手法です。つまり、時価総額が大きくなるということは、Ｍ＆Ａ戦略のための通貨を多く持っているということにもなるのです。

実際、世界のグローバル企業は、こうした形の企業買収によってどんどん大きくなっているところが多いです。日本企業はこのような買収戦略が苦手で、株価も長期間低迷していたことから、ますますそうした流れから取り残され、気づいたら海外のライバルに大きく差をつけられていたということが電機や金融などの世界では特に見られます。

今後持続的にＲＯＥが上がって株価、時価総額がともに大きく上がるということになれば、日本企業もこうした戦略でキャッチアップできるようになるでしょう。

企業が目指すべきROEの最低目標は8％

では、ＲＯＥは何％くらいを目指すべきなのでしょうか。

伊藤レポートでは「最低8％以上」という目標を明確にあげて、「できるだけ国際標準並みを目指すことが望ましい」としています。

なぜ8％なのかというと、世界の投資家の間では資本コストは平均して7％くらいと考えられていて、ＲＯＥがそれより1％高い8％ならば、世界の投資家の9割が納得できる水準だということがさまざまな調査やデータから判断できるからです。

「資本コスト」というのは、株主から提供された資本に対して要求されるリターンです。ざっくりいえば、銀行がお金を貸し出す時の金利に相当するものです。投資家は見返りを期待せずに資本を提供しているわけではありません。当然リターンを期待して投資するわけですが、その投資家が期待するリターンを「資本コスト」と呼ぶわけです。

7％というのは10年でだいたい2倍になるリターンですが、世界の主要株式市場の歴史的な平均リターンはだいたい7％くらいであり、そうした意味で歴史的にもデータ的にも裏付けられる水準、株式投資の世界ではコンセンサスになっている水準と言うことができます。

この資本コストは契約で決められているコストではないので、なかなかしっくり理

図3-5 資本コストとROEの関係とは

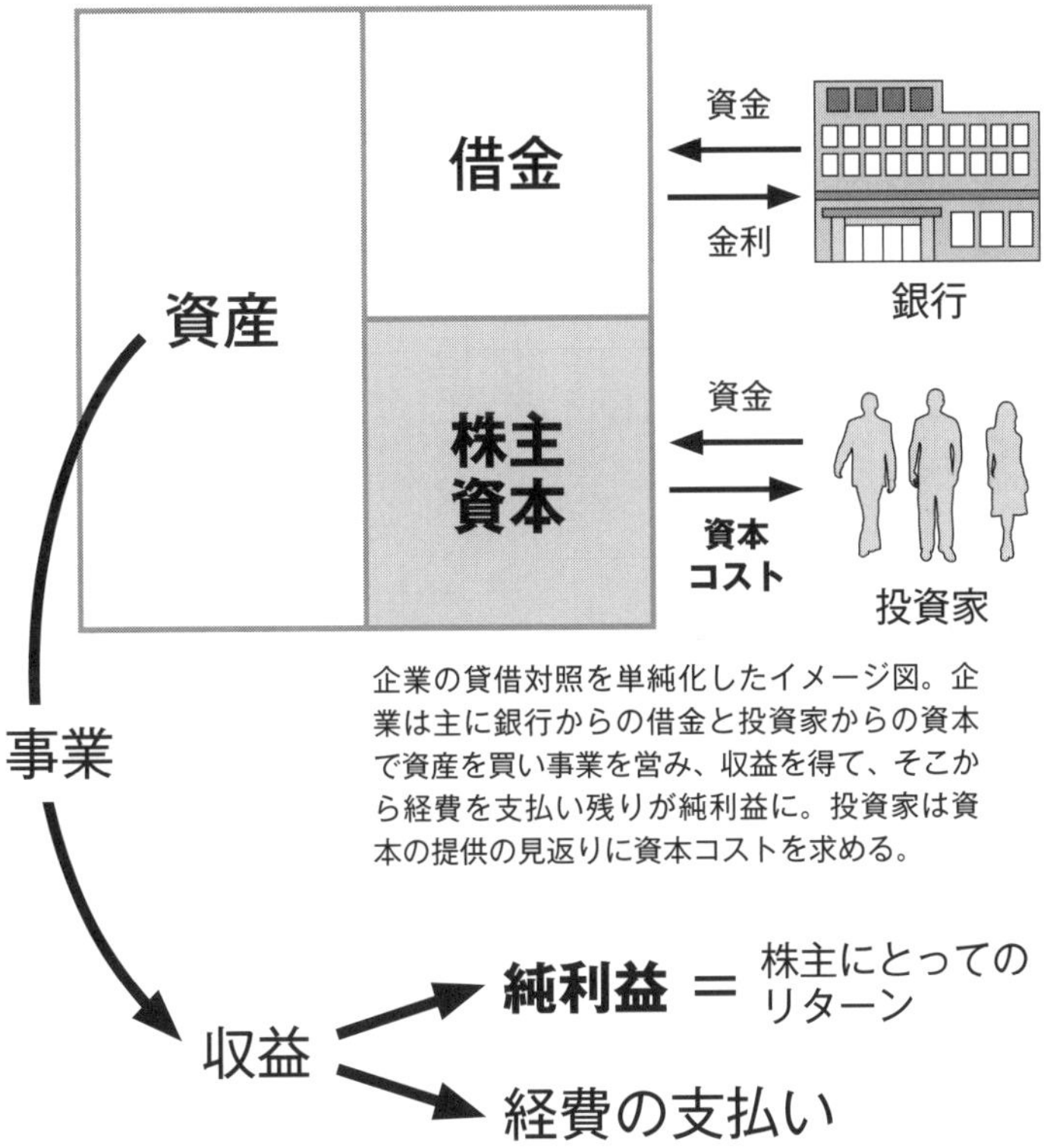

企業の貸借対照を単純化したイメージ図。企業は主に銀行からの借金と投資家からの資本で資産を買い事業を営み、収益を得て、そこから経費を支払い残りが純利益に。投資家は資本の提供の見返りに資本コストを求める。

$$\frac{\text{純利益}}{\text{株主資本}} = \text{ROE}$$

株主資本を利用してどのくらいの純利益が得られたのかを利回りとして計算したもの。株主資本をどれだけ効率よく利用しているかを見る指標。

解しづらい概念だと思いますし、企業としてはそうした要求リターンに応じる義務はないのではないかという疑問がでてくるところでしょう。確かに、法律的には企業はそうした要求に応じる必要はありません。

投資家は、企業に対しては資本コストを求めますが、ROEが投資家の平均的な要求である7％を下回って4％くらいだったらどうなるでしょうか。その場合には、その会社に対する評価は低くなり、株価はだいぶディスカウントされるのが普通です。

PBR（180ページ参照）1倍がその会社の株の額面と考えると、ROE7％なら額面通りのPBR1倍くらいで評価されることになるでしょう。それに対してROE4％なら額面を大きく下回りPBR0・5倍くらいでもおかしくありません。

特に、良い技術やノウハウ、良い資産を持っているのに、経営者がそれを活かせずに低いROE、低いPBRにとどまっているならば、その会社は買収のターゲットにされてしまうでしょう。安い株価のうちに買収して経営を立て直せば大きなリターンが得られる可能性があるからです。その際、低いROEしか実現できなかった経営者は当然クビになってしまうでしょう。

以上のように、投資家から要求されるリターン（資本コスト）を実現する努力を経営者が十分にせずに株価が低迷するような場合には、会社のオーナーである株主から株主総会でプレッシャーをかけられることはもちろん、実際にクビにされる可能性がありますし、場合によっては買収されてしまうリスクもあります。

そうしたことから、基本的には上場企業の経営者は本来資本コストを無視し続けることはできないのです。

日本企業の長期的な低ＲＯＥは、経営者と株主の怠慢による

しかし、実際には日本企業で今述べたような正常な市場メカニズムが働かず、多くの企業が欧米企業よりかなり低いＲＯＥの状態を続けてきました。それは、経営者の怠慢と、監視する役割のある株主の怠慢のせいだといえます。伊藤レポートはそれを正す目的で書かれたものです。

その伊藤レポートが最低目標として「ＲＯＥ８％以上」と明言したのはかなり画期的なことだと思います。

ＲＯＥの高いアメリカの主要企業は、中央値が８％で平均が24％、欧州は中央値が６〜８％で平均が15％となっています。

日本の上場企業も全体的に「最低８％」を目指して、ＲＯＥの中央値が８％くらい

りのところまでくれば、平均が欧米並みの15％程度と現在の2倍程度になる可能性があります。

このような日本企業のROEの低迷が続いてきた原因は企業と株主の両方にあるわけですが、本章では伊藤レポートに沿って「企業側の原因」について考えて、同レポートで示された今後の方向性についても見ていきましょう。

ROE低迷の企業側の要因としては、資本あるいは経営資源の効率性を真剣に考えてこなかったということになります。

ROEは「純利益÷自己資本」という計算ですので、

- 収益力そのものを上げるか、
- 自己資本の使い方を効率化させる

（余分な自己資本を削ったり、より有効な使い方を探ったりする）

と、大きく分けて2つの施策で向上させることができます。

長期的に株価パフォーマンスが良い企業の４つの特徴

伊藤レポートでは、過去20年に継続的に株価上昇している1600社中株式リターンがプラスだった200社について調査して分析した結果、その特徴を次ページ図3－6の4つにまとめています。

これはROE向上の2大要因のうち、特に「収益拡大」を続けている会社の特徴ともいえると思いますし、個別銘柄を選別する際の重要なチェックポイントにもなると思います。

まずは、当然ですが顧客に「**その会社ならではの価値を提供する力**」が求められます。**他社には真似できない価値を提供できて新規参入も難しいようなら、価格決定力も握れるので価格競争にも巻き込まれずに高い収益を維持できます。**

次に会社がそのような存在になるためには、その会社の「ポジショニング」（業界における立ち位置）をしっかりと考える必要があります。

図3-6 バブル崩壊後の20年にも高いパフォーマンスを上げ続けた会社の特徴

特徴1．顧客への価値提供力

他社との差別化、参入障壁、価格決定力により収益性確保ができる力

特徴2．適切なポジショニングと事業ポートフォリオのための選択と集中

業界内での適切な立ち位置、どの業務プロセスを担ってどれを担わないのかの取捨選択など「ビジネスモデル」が確立し、強みを持っているか

特徴3．継続的イノベーション

他社との連携を視野にいれたオープンイノベーションが特に重要

特徴4．環境変化やリスクへの対応

環境変化やリスク対応を意識してたゆまぬ経営革新が行われているか

たとえば、何かモノを作って提供するにも、

- 材料・素材の製造や調達
- 設備の製造や設置
- 企画
- 製造
- 販売

などのプロセスが必要です。

これらのどの部分を担うのか、その他の部分を担う会社とはどのような関係を築くのか、というのがポジショニングです。

すべてのプロセスを担えればすべてのプロセスにおける利益を取り込める

のですが、それはかえって効率を低下させる可能性もあります。

担うプロセスの領域を絞るのがいいのか広げるのがいいのかの判断はケースバイケースです。

台湾のホンハイのように企画・開発を捨てて製造請負だけに特化して成功している例もありますし、逆にアップルのように製造を捨てて企画・開発だけに特化して成功している例もあります。

日本の電機メーカーはかつて企画・開発から製造まですべて担う垂直統合モデルで成功しましたが、電気製品がデジタル化して、商品サイクルが短くなる中では苦戦しています。この分野では今のところアップル型のビジネスモデルがうまくいっています。

流通業では、最近はセブン-イレブンなどを代表に販売会社が企画・開発にまで領域を広げてプライベートブランドの拡大という形で成功する例も増えています。さらに、ユニクロなどは製造まで行う製造小売りというビジネスモデルで成功しています。

逆に、楽天やZOZOTOWNなどのように、仮想商店街を運営する「場貸し」に特化して、実際に在庫を持って販売するのはテナントに任せるということで成功しているケースもあります。これは在庫を持たないリスクの少ないビジネスモデルです。

以上のように「選択と集中」が正解のこともあれば、逆に「事業領域拡大」が正解のケースもあります。

大切なのは、各企業がポジショニングということを重大な経営課題としてよく考えて取り組むことです。中途半端にいろいろなものを抱え込んだり、拡大した方がいいのに消極的になって狭い領域にとどまっていたり、という風にならないようにしないといけません。

オープンイノベーション、M&Aなどで変化に対応しているか

継続的なイノベーションは、顧客に提供する価値を高め、収益力とROEを高めるためにも必須です。

自社がイノベーションを起こさなくても他が起こしていきますし、そのことも含めて世の中は変わっていきます。ですから、何もイノベーションに取り組まなければ変化にも対応できずに、ポジショニングも不利なものになり、収益力も低下していきます。イノベーションを含めた変化への対応を行わないということは、長い目で見ると

それが収益性を低下させる最大のリスク要因になるということです。

イノベーションは自社の強みやポジショニングを意識しながら行うことが必要ですし、自社にとどまらずに積極的に他社と協力していくオープンイノベーションに取り組んでいくことの必要性を伊藤レポートでは指摘しています。

日本企業は一般的にこのオープンイノベーションが苦手で、なんでも自社で技術を囲い込んだり、自社ですべてを行おうとする「自前主義」に陥る傾向があります。

確かに、自社開発の技術やノウハウをどこまでオープンにして、どういう形で他社と連携していくのかはかなり高度な経営判断が必要になります。しかし、持続的に高いパフォーマンス、高いＲＯＥを実現するには重要な経営課題です。

以上のように、**持続的に高いROEを実現するには、リストラやM&Aやイノベーションなど、常にリスクを取ってチャレンジしていくことが必要になります。**

しかし、実際に日本企業の多くはイノベーションやチャレンジには消極的で、現金をため込んで現状維持することを優先しています。一見安全策のように見えるそうした経営方針が、長期的に見ると競争力や収益性の低下につながっているという点はとても重要なところです。

資本の使い方のムダをチェックする

ＲＯＥ改善の２つ目のポイントとして、資本の使い方にムダがないかという点について見ていきましょう。

事業の元手である資本をどのように使っているのかは貸借対照表の「資産の部」を見ればわかります。そして、資本の使い方にムダがないかどうかは、この資産項目ごとに検討していけばある程度わかります。そのことついては伊藤レポートでも体系的に考え方が記されています。これは特に経営者の方たちが経営を見直す上で参考になるでしょうし、また、投資家が企業を見る時にもこのような財務戦略がきちんと考えられているかを考えてみるといいかもしれません。

企業がこうした財務分析を行った上で経営戦略を考えるためには優秀なＣＦＯ（財務最高責任者）が必要です。優秀なＣＦＯがいるかどうかは、個人投資家からは確認しづらいポイントではありますが、結構大事なことでもありますので、頭の隅には置いておくといいと思います。

伊藤レポートでは、日本にプロフェッショナルなCFOが不足しているという問題点と、CFOの育成の重要性が指摘されていますが、こうした点がハッキリ指摘された以上、今後は官産学共に連携してCFOの育成が行われる方向に進むと思われますし、そうならなければいけないと思います。

また、今後は上場企業ではCFOを中心に資本効率を考えながら貸借対照表上での改革が進んでいくでしょう。

具体的には、

- 在庫がムダに積みあがってないか
- 生産のリードタイム（生産にかかる時間）はもっと短くできないか
- 受取手形・売掛金（売上の立替金・未回収金）などはもっと圧縮できないか
- 設備の稼働率をもっと上げられないか
- ムダに抱えている金融資産はないか

というところが重要な財務上のテーマになってきます。

いずれのポイントを改善しても資本効率の向上につながります。

もちろん、必要以上に在庫を減らしたり、生産のリードタイムを短縮したり、設備の稼働率を上げたり、手元流動性を減らしたりしてまでROEを上げるべきだ、ということを伊藤レポートが言っているわけではありません。

ビジネスチャンスを逃さずサービスの質を確保したりスムーズに取引するためにもある程度の品ぞろえ（在庫）や受取手形・売掛金は必要ですし、生産の質を落とさないためにも一定のリードタイムは必要でしょう。設備ももしもの時に備えてある程度稼働率に余裕を持たせる必要はあるかもしれませんし、現金・預金などもある程度必要でしょう。

安全性や質を確保するためには、さまざまな面でバッファーは必要です。一見ムダに見えてもいざというときに大事な働きをするということはありますし、そのような考えで戦略的に「無駄」を抱えることは否定されるべきではありません。

たとえば現金・預金も有望な投資先を探すための待機資金として保有するとか、何かの危機があった時のバッファーとして保有するということには意味があると思います。

しかし、そうしたことを考えた上でも意味がないほど余剰資金を抱え込んでいるなら、それは配当や自社株買いの形で株主に還元するべきです。それによって配当金や値上がり益を手にした投資家は、また別の投資先を探して資金を有効に活用することができます。そのようにして資金が巡ることで、経済活動が活発化します。

要は、資本の使い方がきちんと説明できるかどうか、ということです。

資本が効率的に使われていないなら、効率的に使われるように工夫するべきですし、効率的に使う方法がないなら資本を株主に返すべきでしょう。

内部留保としてため込まれる莫大な現金

伊藤レポートでは、こうした議論の中で特に内部留保の扱いが重要なテーマの一つとなっています。

内部留保というのは企業が稼いだ利益の中から株主に配当した残りの部分をため込んだものです。正式には「利益剰余金」という名前で企業ごとの財務諸表に記載されています。

そもそも**企業が稼いだ税引き後の純利益というのは、本来は全額株主に支払われる**

べきものです。株主というのは本来そのためにその株に投資しているのです。

「じゃあ、従業員や経営者はどうなってしまうのか。会社の利益からの配分を受ける権利があるんじゃないか」という疑問を持つ人が出てくることでしょう。

会社の収益からの配分ということで言うと、従業員や経営者も給料という形で得ています。その給料も経費としてすべて差し引いた上で、さらに税金も引いて、最後に残ったものが税引き後純利益であり、それがやっと株主への配分になるのです。

従業員や経営者は決まった給料が必ずもらえることになっていますが、株主は税引き後の純利益がゼロとかマイナスならば、受け取る配分がなくなってしまいます。そういうリスクを背負っているのです。その代わり、会社が順調に稼いで税引き後の純利益が多く残れば、それを受け取る権利があるのです。投資家はそのためにリスクを冒して投資しているわけですから。

しかし、多くの企業では税引き後の純利益の全額を株主に配当せずに内部留保してしまいます。日本上場企業の場合ですと、平均約30%を株主に配当して、約70%もの資金を内部留保してしまうのです。

では、どうして内部留保が認められるのかというと、それが収益基盤の強化のために投資されるという前提、より具体的には設備投資、研究開発、企業買収などに使われるという前提だからです。株主たちもそうした前提で内部留保を認めてきたわけです。

ですから、もし成長投資に使わないならば内部留保された現金は株主に返すべきです。以上のような論点が伊藤レポートでは整理されて強調されていますが、これは世界的にも常識的な話です。

しかし、日本の企業、特に上場企業の実態を見ると、どうも内部留保の多くは、ただ現預金としてため込んでいるケースが多いのです。実際、上場企業の貸借対照表を見ていると、「どう考えても無駄に抱え込まれて死に金になっているな」と思えるほど現預金が積みあがっている企業がたくさんあります。

内部留保のうちどのくらいが現預金として積みあがっているかについては統計はありませんが、企業が保有している現預金は2014年段階で100兆円程度と、内部留保の3割程度の金額となっています。

内部留保と現預金のすべてとはいいませんが、大半は関連づけられるものとなっていると思います。

現預金ではなくて、金融資産の形になっているケースも多いのですが、いずれにしても、内部留保の本来の使われ方をしていない割合がかなり多いと思われます。だいたい内部留保の半分程度が現預金や他の金融資産の形で「ただため込まれている」という状態になっているのではないでしょうか。

経営者の怠慢が内部留保を膨らませ、チャレンジしない企業体質に

繰り返しになりますが、お金というのは本来社会全体で人の行き来やもののやり取りをスムースにするための単なる手段であって、それによって何をしたいのかということが重要なはずです。そのことをよく考えず、「お金をただため込む」という姿勢はどう考えてもよくありません。お金が有効活用されずに死蔵されているというのは社会的な損失です。

特に企業が稼いだ利益の多くを内部留保しながら、その多くを現預金のまま抱え込んでいるということは大きな問題です。そうしたお金は成長投資に使わないのであれば、株主に還元すべきです。

成長投資にも使わず、株主還元もせず、単に現預金をため込んでいるというのは、**経営陣がお金そのものが大好きで、かつ、そのお金を自分のものであると勘違いして**

いるからだといえるでしょう。

そうした経営者たちの勘違いした欲望のために、社会全体としてはかなり大きな損失を受けているといえます。抱え込まれている現預金が有効活用されれば、企業の収益力がアップして従業員や株主も恩恵を受けますし、取引先も恩恵を受けます。また、株主に還元されれば、株価が上昇して株主が喜ぶだけでなく、公的年金などの運用パフォーマンスも上がります。株高や年金に対する不安後退で消費者マインドが改善し、経済そのものも上向く可能性があります。

「お金を使って何をするか」ということを真剣に考えれば、そうしたことに容易に思い至るでしょうし、資金の有効活用ということについて熱心に取り組みを始めるはずです。

しかし、実際には、企業経営者たちの多くは「お金を使って何をするか」ということを真剣に考えず、お金をたくさんため込むことに熱心になっています。それには、企業経営者としてはそうすることが一番安全な道だから、という理由もあります。

日本の上場企業の中でも大企業の経営者のほとんどはサラリーマン経営者です。彼らは業績・株価が上がっても給料がそれほど増えるわけではありませんし、業績・株価が下がってもクビになるわけではありません。

では、この人たちの経営者としてのインセンティブは何かというと、社長、会長、特別顧問を歴任して、その間20年近くにわたり2000〜3000万円の給料をもらい続け、経費を使い続け、できれば日本経団連のお偉いさんになり、最終的には旭日大綬章などの勲章を受ける、ということです。

そうするためには、リスクを冒してまで長期的な成長を目指すのではなくて、任期中に無難に会社を舵取りして過ごすことが近道になります。


具体的には、現預金を使わずにため込んで、調子の悪い事業があればリストラして、得意な分野だけに集中して、とにかく目先のお金を稼ぐということをするわけです。

「選択と集中」というのは本来重要な経営戦略の一つですが、日本においては経営者のサボタージュの言い訳として使われることが多いように思われます。今ある事業ポートフォリオの中でダメなものを切って、稼げる事業から稼いだお金をただため込んでいくわけですから、経営者にとって一番痛みが少なくて楽ちんです。

中長期的な会社の発展のためにも社会的意義の観点からも、研究開発や設備投資にお金をかけて新しい挑戦をするべきなのですが、その結果が出るまでには5〜6年はかかります。その間、その新しいチャレンジは赤字を生むだけであり、経営者としては信念と我慢が問われるところです。もちろん、失敗に終わるリスクもあります。

しかし、長い目で見ると、そうしたチャレンジの積み重ねの中から画期的なイノベーションが生まれ、社会に貢献することになりますし、会社の収益性・成長性も高まっていきます。


アメリカでは、アップル、グーグル、フェイスブックのような新興勢力が経済のリード役となっています。一方、日本企業はここ数十年ものあいだこういった新しい事業を育てられませんでした。日本の企業には技術力も資金力もあり、十分にそうした事業を育てられる可能性があったはずなのに、欧米勢や韓国勢にまで先を越されてしまうケースが目立つようになりました。これは、経営的にリスクを冒してチャレンジしていくということが少なくなってきたことが原因だと思います。

こうしたチャレンジには現経営陣の就任期間を超えた視点が必要ですが、今の日本において多くの経営者は「選択と集中」というサボタージュの中で、この社会的な役割を果たさないようになってしまいました。

やる気ある若手社員たちの新たな挑戦が阻まれている

日本企業にもチャレンジの芽がなかったわけではありません。若手社員の中には新しいことにチャレンジしようという人たちもたくさんいましたし、今でもいます。しかし、そうしたやる気のある若手のチャレンジが多く潰されてきた、というのが日本の実情です。

企業の最前線で頑張っている若手からは、「新しいことにチャレンジしたくても上司からはねられてしまう」と悔しがる声を聞きます。日本の会社の多く、特に古い会社では、出世を考える中間管理職も、つつがなく任期を過ごしたい経営者も、新しいチャレンジを行って失敗することを恐れ、現状維持で無難に過ごすことを好みます。そして、やる気満々で新しいことにチャレンジしようとする若手に「もっと大人になれ」とさとします。

そうした会社の現状を嘆く有能でやる気のある若手社員たちの声を随分と聞きます。そして、このようにチャレンジを拒み続けてきた結果が、莫大な内部留保、特にその中の現預金として現れているのです。

図3-7　企業の「内部留保」は成長投資するか株主還元を！

どんどんお金がたまってきたぞ～。これでオレの社長人生も安泰だ！

何もチャレンジしないなら、お金が必要な他の人に回すべきです。しかし、多くの経営者たちはそれもしません。ただ自分たちの会社にため込んでおきます。**何もチャレンジしないでただお金をため込んでおけば、経営のリスクは低減して、経営者としての立場は確保しやすくなります。**ため込んだお金が経営のバッファーになって、経営環境が多少変動しても会社の経営が保てるからです。

つまり、経営者は自分たちの立場を守るために、本来貴重な資源であるお金を「死蔵」させているのです。そして、チャレンジしたい人たちからチャンスを奪っているのです。

これはなんともあさましい姿だと私は思

います。ただお金が好きでお金をため込んでいるタヌキの姿と重なります。

オーナー経営者の強さの秘密と、サラリーマン経営者の強化法

以上のように、日本企業が長年低ＲＯＥの状態を続けて来た原因の多くは経営者の怠慢にありますが、その一方で高いＲＯＥを持続しながら、業績と株価で高パフォーマンスを続けてきた企業もあります。80ページの図ではそうした会社の経営的な４つの特徴を見ましたが、経営者にはどんな特徴があるのか、今度はその点を見ていきましょう。

伊藤レポートではデータから見て長期的に高いパフォーマンスを上げている会社にはオーナー系企業が多いということを指摘しています。これは日本においても、欧米においても同じ傾向があるということです。

オーナー系企業に有望な成長企業が多いということは、私もファンドマネジャーとしてさまざまな企業を調べて投資する中ですごく感じるところでありますし、そのことはこれまでの著書の中でも述べてきました。

もちろん、オーナー系企業のすべてが良いわけではないですし、非オーナー系企業

のすべてがダメなわけでもないのですが、全般的にはそのような傾向が見られることは確かです。

どうしてオーナー系企業に優れた成長企業が多いかというと、私もつねづね思っていたことで伊藤レポートでも指摘している通りなのですが、オーナー経営者のモチベーションの高さや長期的視点に立った経営によるところが大きいと思われます。

オーナー経営者は自分の会社への愛着が人一倍強いことに加えて、業績と株価が上がれば自身も持ち株の株価や配当が増えるという業績連動報酬的な恩恵を受けられます。また経営者としての就任期間も長いため、長期的な視点で経営できるという点も大きいと思われます。

それに対して、日本企業の経営者が全体的に高いパフォーマンスを上げられないことについては、伊藤レポートでは、

- 就任期間が平均4～6年と短い
- 報酬が他の先進国の平均に比べて低く、特に業績連動報酬の部分が少ない

という点が原因である可能性を指摘しています。

これはまさに、サラリーマン経営者の特徴でもあります。

就任期間が短くて業績連動報酬部分が少なければ、長期的な視点での経営もしづらいですし、モチベーションも上がらないでしょう。

伊藤レポートによると、持続的に高パフォーマンスを上げている世界中の企業を調べるとCEOの平均就任期間は10年ほどですし、報酬は日本の主要企業の経営者の平均の数倍で、なおかつ業績連動部分が多くを占めているということです。

以上のことから考えると、非オーナー経営者がもっと高パフォーマンスを上げるようにしていくには、オーナー経営者と同じようなインセンティブを与えることを考えるべきではないかと思います。

つまり、非オーナー系の経営者についても、

●10年かそれ以上の任期

●業績や株価連動の報酬体系

というような仕組みにしていくことによって、オーナー経営者のようなモチベーションが維持できるのではないかと思います。

CFO、社外取締役、そして株主の監視も重要

長期政権が約束されれば、経営者は短期的なパフォーマンスを狙うよりも長期的な視点で思い切った経営戦略を取りやすくなりますが、一方で権力がかなり強力なものになり、それが暴走してしまうリスクも出てきます。オーナー経営者でも、暴走し始めたときに周囲で歯止めをかける人や仕組みがないと、経営破たんに突き進んでしまうことも多々あります。

そうした事態を避けるには経営を監視し暴走に歯止めをかける体制も必要であり、伊藤レポートではそれ担うものとしてCFOと社外取締役の役割について強調しています。CFOは単なる財務のプロなのではなくて、財務的な面から経営全般を戦略的に判断する経営のプロですが、すでに述べたようにそうした意味でのプロのCFOは

日本ではかなり不足しており、その育成も重要課題となります。

社外取締役は第三者的な視点による監視の目を入れるという意味でガバナンス（企業統治）の観点からは意味があります。幅広い視点、社外的な視点を経営の監視の視点に入れるということは、客観性や社会性、さらには多様性を経営にもたらすという意味で重要です。

ただし、社外取締役についても、経験や実力を備えた社外取締役が今の日本には不足しているのが実情です。業界外の経営者や学者などが社外取締役になるのはいいのですが、その人たちが社外取締役としての役割を十分に果たすための公的な教育システムや、社内的なサポートの仕組みなどを導入していく必要性を伊藤レポートでは訴えています。

さらに、経営者をチェックする重要な立場にいるのが株主です。特に機関投資家といわれる株主です。この機関投資家がプロとして企業をきちんとチェックしていれば、日本企業はもっと強い競争力と収益性を持っていたはずです。伊藤レポートは企業そのものと並んで、この機関投資家に大胆にメスを入れようとしています。その点については次章で詳しく見ていきます。

4章

「スチュワードシップ・コード」「コーポレートガバナンス・コード」で証券業界も投資信託も変わる

「インデックス運用偏重」と「短期主義」を排除せよ

前章に続き、伊藤レポートに沿って日本企業のROEが持続的に低い状態が続いてきたことの原因を探っていきたいと思いますが、今度は株主側の代表である機関投資家にメスを入れます。

すでに述べてきましたが、機関投資家が株主としてのチェック機能を果たしてこなかったということは重大な問題であり、そのことは私もことあるごとに指摘してきました。そのことがこのたびの伊藤レポートで明確に指摘されて、官僚、政治家、経営者たちに周知されたことはとても大きな出来事だと思います。

機関投資家というのは年金基金、生命保険、損害保険、投資信託など莫大な資産を運用するプロの投資家たちのことです。企業経営に対しても大きな影響力を与えることが可能ですし、それが義務でもあります。しかし、**日本の機関投資家のほとんどは、これまでプロとしてそのような役割を果たしてきませんでした。**それが企業の経営者の怠慢を放置してきた大きな原因になっています。

そして、機関投資家が企業をチェックする働きをしてこなかった原因として伊藤レポートは、

●機関投資家の運用の6～7割がインデックス運用となっている
●アクティブ運用のファンドマネジャーに対する評価が四半期ごとと比較的短期でなされ、報酬も運用成績とあまり連動していない

ということを指摘しています。

インデックス運用とはTOPIXなどの指数に連動した運用ということなので、銘柄の良し悪しを選別するということをしません。また、投資した企業についてもあまり深く理解しようとしたり、経営改善を求めるというモチベーションも機関投資家側としては持ちづらいものです。

投資家というのは本来、銘柄をしっかり調査・分析して投資して高いパフォーマンスを目指すべきものです。そうすることによって、株式市場というのは会社の良し悪しを選別する市場機能が発揮されることになります。このことによって有望な会社に

は事業資金が回りやすく、時価総額が大きくなることでM&Aを含めた事業展開もしやすくなりますし、問題のある会社に対しては低い株価の評価になることで経営改善を促す効果が生まれます。これが市場の機能であり、投資家とは本来そうした社会的な役割を担っています。特にプロの投資家にはそれが求められます。

しかし、インデックス運用というのはプロとしてのそのような役割を放棄しているのに等しいのです。

インデックス運用というのは結局のところ、**「ほとんど労力もコストもかけないで平均的な動きにタダ乗りするのが賢い」という考え方**だと思います。他の投資家たちが一所懸命に労力とコストをかけて銘柄を調査・分析して投資し、アクティブ投資をすることで株式市場全体の中長期的なパフォーマンスも上がれば、インデックス投資家はほとんど労力とコストをかけないで良いパフォーマンスを上げることができます。

素人である個人投資家ならそれは許されるでしょう。しかし、**機関投資家の大半が上場企業に対する選別や監視の役割を放棄することにより、企業や株価のパフォーマンスが全体的に悪化するという悪い結果をもたらしてきた**のです。

投資信託の短期主義にもメスを入れ、今後は良い投資信託文化へ

株価指数以上の運用成績を目指すアクティブ運用のファンドマネジャーについても、評価が短期的になされ報酬が運用成績にあまり連動しないのであれば、長期的に成長する企業をじっくり調査・分析・発掘し、そのあともフォローしていくというモチベーションがわきません。

その場合運用はどうしても短期的になりますし、四半期決算を予想したりフォローするのに忙しくなり、そうした事情によっても長期的に有望な株を発掘して長期保有するということはしづらくなります。

こうした「短期主義」を改善していくためにも、機関投資家は人事や評価など社内の仕組みから根本的に変えていくことが求められます。

投資信託についてはまた別の問題があります。

伊藤レポートでは投資信託業界に根付いてしまっている「短期主義」とその背景にある証券業界の「短期の回転営業」の問題、さらに人事面の問題点などを指摘しています。

投資信託は仕組みとしては、個人の資産運用の重要な金融商品です。しかし、実際にはなかなか優良なファンドが育ってこなかったその背景には、証券会社側の間違った販売戦略もあります。

投資信託は本来長期的にじっくりと銘柄選別して運用して成果を上げていくべきものなのに、**販売会社である証券会社は高い手数料を何度も取るために顧客にかなり短期で乗り換えを促すという営業姿勢を続けてきました。**

投資信託運用会社の大半は大手証券会社の子会社なので、親会社の意向に沿って次々と流行りのテーマに乗ったもので販売しやすい投信を設定していき、投信の回転売買営業に加担してきました。

新規に設定された投資信託は新規募集の時だけ熱心に販売されるものの、比較的すぐに解約されてあとは資産がジリジリ流出していく一方になります。

一方で、銀行の窓口や証券会社の営業マンはその投信の基準価額（株価に相当するもの）が上昇したらしたで、「これは一度利食い（利益確定）して、今度は新しく設定されたこちらに乗り換えましょう」と勧め、値下がりしたらしたで「この投信は見込み違いですみませんでした。今度はもっといい投信が発売されますので、ぜひこれ

図4-1 短期で何度も売買してもらえると、手数料が多くもらえる！

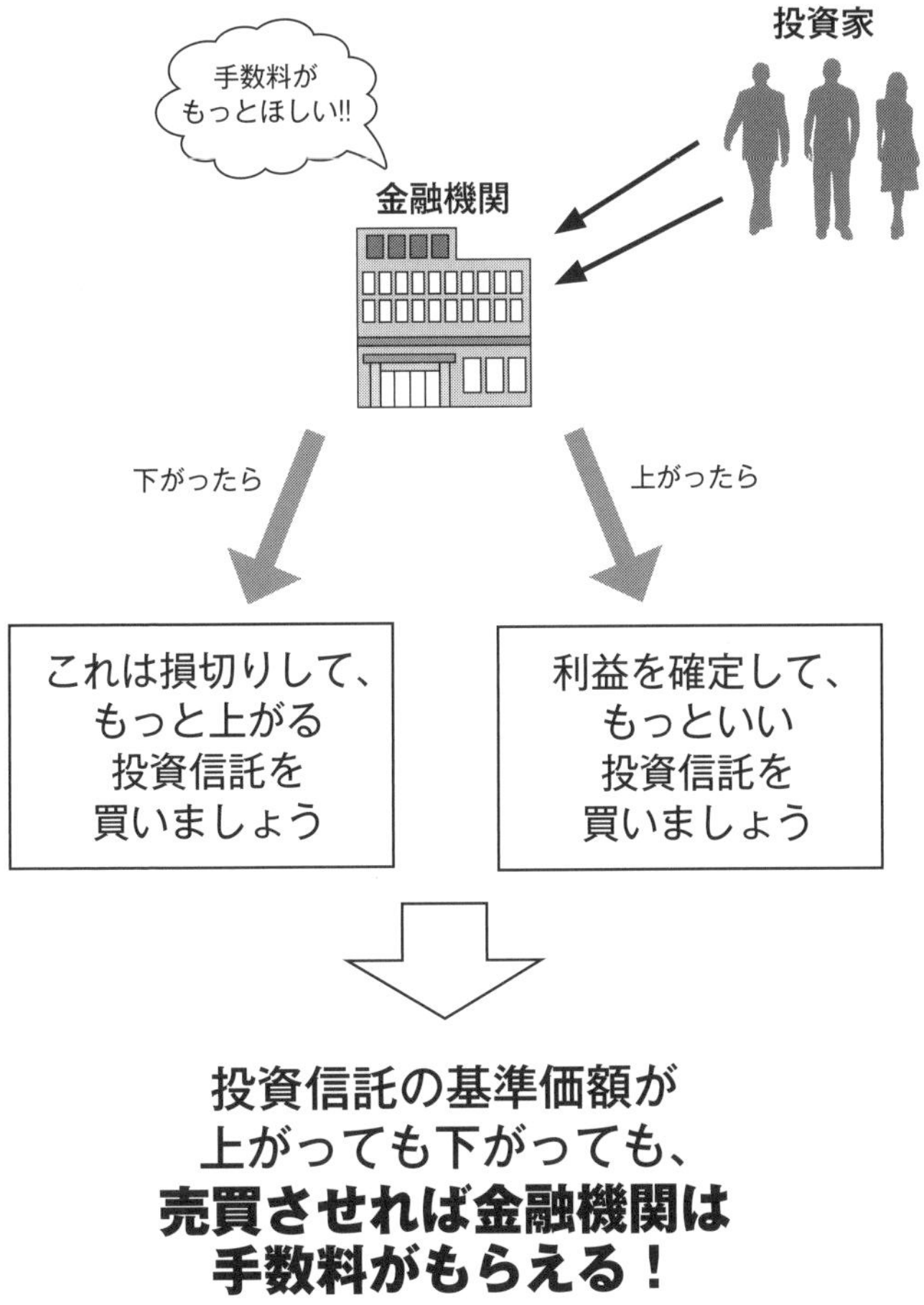
投資家
手数料が
もっとほしい!!
金融機関
下がったら
上がったら
これは損切りして、
もっと上がる
投資信託を
買いましょう
利益を確定して、
もっといい
投資信託を
買いましょう
投資信託の基準価額が
上がっても下がっても、
売買させれば金融機関は
手数料がもらえる！

に乗り換えて取り返しましょう」と勧め、いずれにしても投資信託を頻繁に解約させて新しい投資信託に乗り換えさせる、という営業スタイルを続けてきました。

こうした状況では運用側であるファンドマネジャーはまともに資産運用などできません。新規設定の時には一所懸命に銘柄選定して投資したとしても、あとは解約に応じて銘柄を売却していくばかりです。

欧米には投資信託は重要な金融商品だという文化があるので、一つひとつのファンドが長い目でじっくりと育てられ、その結果長寿のファンドがたくさん存在しています。長寿のファンドならファンドマネジャーはじっくりと銘柄を見極めて長期投資できますし、投資先企業のことを深く理解して、その企業が良い方向にいくように経営陣と協力的な対話を進めていくということも可能になります。

機関投資家や投資信託のこのような問題点についても、私は20年以上業界内で過ごしてきた当事者として強く問題意識を持ってきましたし、それだからこそ独立して理想的な資産運用会社（投資信託を運用したり、年金の資金運用を受託する会社）を作るべくレオス・キャピタルワークスの創業に参加しました。そして、そうした問題意識も、今までの著書などで繰り返し述べてきましたので、伊藤レポートがこの問題点に深く切り込んでくれたことは感慨深いところです。

こうした状況に対して伊藤レポートは機関投資家に対して、長期的な視点と深い分析によって有望な銘柄を選別して投資し、監視し、企業と経営を良い方向に進ませるための対話を積極的にしていくことを求めています。

また、そのような活動が十分にできるような人材育成と体制づくり、さらに社内評価や報酬体系の改善を投資信託会社にも求めています。

日本の株式市場のためにも、上場企業のためにも、そしてなにより投資信託の顧客のためにも、投資信託業界の改革が必要ですし、今後はそうした改革が進んで健全な投資信託の文化が育まれていくのではないかと思います。

今後は統合報告書などの定性情報が重要になり、数も豊富になる

伊藤レポートでは、企業と機関投資家のそれぞれに長期的かつ持続的に収益性を高めていくという視点での変革を求めていますが、さらに、収益性アップに向けての両者の「目的ある対話」（エンゲージメント）が積極的に行われることが求められ、日本が「対話先進国」になることが謳われています。

その第一歩としては、企業の情報開示の在り方と、機関投資家の情報開示の求め

方・受け止め方の変革も求めています。

企業側の情報開示については、長期投資の判断にとって大切な「将来的なビジョン」などの非財務情報を投資家に詳しく示す必要性を訴えています。

投資家に対する情報開示としては、決算発表の際にリリースする決算短信や有価証券報告書などがありますが、それが投資家に与えられた情報のほとんどだという企業が上場企業の多数を占めます。決算短信や有価証券報告書はかなり内容が重複しますし、ほぼ財務データだけで占められています。定性情報も記載はされていますがほんのわずかであり、とても中長期投資の判断の役に立つようなものではありません。

その一方で、主要企業を中心にその会社の事業内容や将来ビジョンなどの非財務情報も説明した「アニュアルレポート」を作成・公表する動きが徐々に広まっています。また、投資家やステークホルダーに対する説明責任に熱心な会社の間では、環境対応を含めた社会的責任活動について報告してCSR報告書を作成するところも少しずつ増えていますが、投資家向けのアニュアルレポートと社会に向けたCSR報告書を統合した「統合報告書（統合レポート）」を作成する動きが世界的に広まり始め、日本でもそれを実施する会社が出てきました。

日本経済新聞社はアニュアルレポート導入拡大を促すために「日経アニュアルリポートアウォード」という表彰制度を設けているのですが、私はその中の統合報告書部門の審査を担当していました。

統合報告書については日本ではまだ緒についたばかりであり、その作成に取り組んでいるというだけでその会社の意識の高さがうかがえます。各社ともまだ手探り状態ではありますが、統合報告書の質は年々上がってきています。

ちなみに、2014年の「日経アニュアルリポートアウォード」グランプリは三菱重工業で準グランプリは伊藤忠商事と中外製薬、優秀賞は次ページに掲げた各社です。また、「統合リポート版」のグランプリはオムロン、準グランプリは三菱商事、優秀賞はアステラス製薬と日本郵船でした。

優れたアニュアルレポートや統合報告書を作成しているだけでも優秀な会社である可能性が高いと判断できます。毎年この「日経アニュアルリポートアウォード」にも注目していただければと思います。

図4-2「統合報告書」が優秀な企業はどこ？

日経アニュアルリポートアウォードの受賞企業一覧（2014）

グランプリ	三菱重工業	
準グランプリ	伊藤忠商事	中外製薬
優秀賞	オムロン	JXホールディングス
	オリエンタルランド	新生銀行
	オリンパス	セガサミーホールディングス
	カプコン	阪急阪神ホールディングス
	カルビー	三井化学
	国際石油開発帝石	LIXILグループ

※毎年、2月に発表される

アニュアルレポートにせよ統合報告書にせよ、作成・発行している企業は上場企業の中のごく一部に限られますが、これは個人を含めた投資家が長期投資の判断をしたり、機関投資家が経営陣と対話する際の重要な手がかりになるものであり、今後とても重要になるものだと思われます。伊藤レポートの推奨に従って、おそらく今後導入する企業が増えるでしょう。

もし、自分が投資している企業や投資しようと検討している企業がこれらのレポートを出していたらぜひよく読んでみましょう。

アニュアルレポートや統合報告書を見るときの主なポイントは、

- その会社の中長期的なビジョンが明確にわかりやすく語られているか
- その会社の強みは何か。コアとなる技術やノウハウは何か
- その会社の製品やサービス、技術やノウハウに対する需要は拡大しそうか
- 働いている人の顔が見えるレポートか。どんな従業員がどんな思いで働いているか

などです。

その他、伊藤レポートやコーポレートガバナンス・コードで指摘しているようなポイントをその会社は満たすのか、どんな課題があるのかを読み取るようにしてみましょう。

四半期決算の重要性は低下していく

アニュアルレポートや統合報告書の役割が増す一方で、四半期決算の重要性は今後低下していく可能性があります。

日本の上場企業の業績開示は、2015年現在、四半期ごとに決まったフォーマッ

トで行うことが取引所から義務付けられています。これによって、企業はかなりの頻度で決算短信や有価証券報告書（あるいは四半期決算報告書）を作成することになり、一見投資家には良い状況になったと思えます。

しかし、私自身の意見としては、四半期決算が義務付けられる前の年2回（期末と中間期末）の業績開示のシステムの方が良かったのではないかと思います。

3か月ごとに業績開示するというのはあまりに短期すぎますし、中長期的な投資家にとってはどれだけ意味があるものなのか疑問です。場合によっては、その情報がノイズになってしまって、かえってじっくり保有することを妨げてしまうような皮肉な効果をもたらしている可能性もあります。

四半期決算をまとめて情報開示して、アナリストやファンドマネジャー向けに説明したり質疑応答を実施していくというのは会社にとってもかなり負担の大きい作業です。また、アナリストやファンドマネジャーにとっても四半期決算をフォローしていくのは大変な作業です。

そのようなことに双方が多大な労力を取られることにどれほどの意味があるのでしょうか。それによって肝心の中長期的ビジョンなど定性的な情報開示や、それを深く分析して中長期的な投資判断を行うという作業がおろそかになっているという現状は本末転倒だと思われます。

私自身も、四半期決算のアナリスト・機関投資家向けの説明会にはほとんど出席しなくなりました。そこでは超長期的な経営ビジョンや経営課題について語られることはなく、ほとんど短期的な数字の分析や見通しの話に終始しているからです。

先ほどもいいましたが、機関投資家のファンドマネジャーとすれば、短期的に評価されるので短期的な動きを追うことに必死になり、そのことで時間が謀殺されてしまいます。

実は証券アナリストも事情は同じです。中長期的なパフォーマンスよりも短期的にパフォーマンス評価されるのが普通であり、顧客である機関投資家や個人投資家からも四半期決算の予想や短期的な業績動向について求められるため、どうしても四半期決算の動向を調べて分析することに精力を取られてしまいます。担当している会社のすべてについて3か月ごとに業績を予想したり分析して追いかけていると、もうそれだけで猛烈な忙しさになります。とても一つひとつの会社についてじっくり調査・分析して深掘りしたレポートを書くという暇はなくなります。

このような事情から、最近では、証券アナリストから業界や企業を深く分析したレポートがめっきり出てこなくなりました。そうしたレポートこそ証券アナリストの腕の見せ所であり、中長期投資家にとっても役立つのですが、そうしたものを書く時間もないし、書くモチベーションもない状況なのです。

こういった状況を憂いて、やる気をなくしているアナリストも多くいます。

実際、私の働くレオス・キャピタルワークスに、大手証券会社の食品アナリストだった人が転職してきましたが、その時にしみじみと「もう四半期決算ばかり追いかけるのは疲れましたし、一つひとつの会社をじっくり深く調査・分析する仕事がしたいです」と言っていました。

四半期決算は市場への影響力が低下する

伊藤レポートでは、以上のような四半期決算の問題点についても指摘して、四半期決算の在り方を見直すことを提案しています。

四半期決算そのものが必要なのかどうか、必要だとしても今よりももっとゆるい義務の形態にして、会社ごとの事情等に合わせた開示方法にするなどのことが検討されるべきだろうと私も思います。

少なくとも、今までのように一律の決算短信のフォーマットにしたがって、細かい数字までビッシリ集計して開示する必要はないのではないでしょうか。

上場企業は四半期決算の詳細な開示を止めて、もっと中長期的な経営ビジョンや経営課題などに関する情報開示に力を入れるべきでしょうし、そのような制度にすべきです。

投資家の方も四半期決算を追いかけまわすのではなくて、中長期的な成長性について分析する方に力点を置くべきだろうと思いますが、そうした方向性をより確実にするには、ファンドマネジャー、アナリストの社内的な評価・報酬体制を、もっと中長期的視点で定性面もあわせてきちんと評価するように見直す必要があります。

さらに、ファンドマネジャーという職種自体、数年程度で変わるローテーション人事の一環として就くものではなくて、もっと長い目でプロフェッショナルを育成する仕組みに変えるべきだ、と伊藤レポートでは指摘しています。

おそらく今後は、伊藤レポートが方向性を示したように、四半期決算の重要性は低下し、決算説明会はより中長期的な経営の方向性に関する対話が行われる場となり、それが個人投資家も動画などでも確認できる形になっていくでしょう。ファンドマネジャーやアナリスト側も人事制度や評価基準がより長期的な視点のものに変えられ、中長期的な視点でじっくり銘柄選別し、企業との対話も行われるようになるでしょう。

そうなると、株式市場の動きとしても四半期決算ごとに株価が過剰に変動するという動きが少なくなり、じっくりと中長期投資に取り組むのに適した市場に変わっていくのではないかと思います。また、そうなるべきだと思います。

2つのガイドラインが機関投資家と企業を動かし始めている

ここまで見て来たように、伊藤レポートはすごく本質的で今後の日本にとっても大事なことがズバリ書かれています。これがこの通り実行されれば、上場企業、証券業界、株式市場などが劇的に変わり、日本経済全体が復活するでしょう。伊藤レポートでも書かれているように、ROEの向上を目指すためにレポートに書かれている課題に真剣に取り組んでいくことこそがアベノミクス第三の矢「成長戦略」そのものともいえますし、本丸ともいえます。

しかし、この伊藤レポートの示した方向性に上場企業や証券業界や株式市場が動くでしょうか。

まず、以上述べてきたような問題意識が官僚や政治家や経営者や投資家の間で広く共有されたという点は大きな進歩だと思います。そして、この伊藤レポートは安倍政権の成長戦略の一環として書かれたものである以上、関係者たちはこれを今後かなり意識せざるを得なくなることは確かです。

伊藤レポートの中では、「ROEが8％未満なのは恥ずかしい、というのを常識にしていくこと」の効果を述べています。確かに、このレポートの認識が広まることでそのような効果も出てくるでしょうし、それは重要だと思います。

しかし、伊藤レポートの方向性を確かなものにするために安倍政権は他に2つの武器を用意しました。

それは、2014年2月に発表された「スチュワードシップ・コード」と、2015年3月に発表された「コーポレートガバナンス・コード」です。

伊藤レポートと合わせてこの「新・三本の矢」は、安倍政権発足の初期段階から並行して議論されて作成されました。伊藤レポートが上場企業と投資家についての問題点や議論を整理して大きな方向性を出し、スチュードシップ・コードとコーポレートガバナンス・コードは、機関投資家と上場企業に伊藤レポートの精神を順守していくことをガイドライン化したものです。

これらは法律ではありませんが、金融庁や東京証券取引所のガイドラインとして、もし順守されなければ説明が求められますし、もし順守も説明もされなければ大いに非難されることになり、事実上機関投資家や上場企業としてやっていくことに支障が出るようになるでしょう。上場企業については経営陣がクビになる可能性もあります。

「新・三本の矢」のうちトップバッターとして発表されたのは「スチュワードシップ・コード」です。本家イギリスのスチュワードシップ・コードに倣って作られたので日本版スチュワードシップ・コードというのが正しいのですが、本書では単にスチュワードシップ・コードとします。

この「スチュワードシップ・コード」は管理者としての行動指針という意味で、正式には「『責任ある機関投資家』の諸原則」です。そして、副題には「投資と対話を通じで企業の持続的成長を促すために」となっています。

スチュワードシップ・コードは次ページのように7原則からなっています。いずれ

スチュワードシップ・コード7原則

1. 機関投資家は、スチュワードシップ責任を果たすための明確な方針を策定し、これを公表すべきである。

2. 機関投資家は、スチュワードシップ責任を果たす上で管理すべき利益相反について、明確な方針を作成し、これを公表すべきである。

3. 機関投資家は、投資先企業の持続的成長に向けてスチュワードシップ責任を適切に果たすため、当該企業の状況を的確に把握すべきである。

4. 機関投資家は、投資先企業との建設的な「目的を持った対話」を通じて、投資先企業と認識の共有を図るとともに、問題の改善に努めるべきである。

5. 機関投資家は、議決権の行使と行使結果の公表について明確な方針を持つとともに、議決権行使の方針については、単に形式的な判断基準にとどまるのではなく、投資先企業の持続的成長に資するものとなるよう工夫すべきである。

6. 機関投資家は、議決権の行使も含め、スチュワードシップ責任をどのように果たしているのかについて、原則として、顧客・受益者に対して定期的に報告を行うべきである。

7. 機関投資家は、投資先企業の持続的成長に資するよう、投資先企業やその事業環境等に関する深い理解に基づき、当該企業との対話やスチュワードシップ活動に伴う判断を適切に行うための実力を備えるべきである。

も伊藤レポートで詳しく論じられたポイントですが、投資先企業のことをよく理解し、投資先企業と持続的成長に向けて対話し、株主総会では議決権をきちんと行使し、そうした一連の方針と行動を受託者に説明する、という指針が書かれています。つまり、簡単にいえば、機関投資家としての責任をきちんと果たしましょう、もし議決権を行使したなら、なぜそうしたのかをちゃんと説明したり、企業への提言、監視機能を強化して、「もの言う株主」へと変わりましょうということです。

この行動原則を運用する金融庁は機関投資家各社にこの「スチュワードシップ・コード」の受け入れを求め、それに対して**15年6月までに資産運用会社、生損保、年金基金などI9I社と国内で活動するほとんどの機関投資家が受け入れを表明しました。**

スチュワードシップ・コードの受け入れを表明した会社は金融庁のホームページで公表されますし、自らのホームページでもその旨を告知し、スチュワードシップ・コードに従って、

- スチュワードシップ責任を果たすための方針を策定
- 利益相反についての明確の方針の策定
- 議決権の行使と行使結果の公表についての方針の策定

など、スチュワードシップ・コードを順守していく上での具体的な方針を決めます。

すでに、機関投資家はスチュワードシップ・コードを受け入れることが常識となっています。たとえば、資産約130兆円と世界最大の規模の機関投資家である年金積立金管理運用独立行政法人（GPIF）は、資産運用を専門の資産運用会社に委託していますが、日本株で運用を委託する運用会社を選ぶ基準として、コードの内容をどれだけ有効に活用しているかも判断に使うと明示しています。

こうした動きは他の年金基金にも拡大すると考えられます。今後は機関投資家として、**スチュワードシップ・コードの受け入れをしていないと業務や取引に支障が出てくる可能性が高くなっています。**

これらの機関投資家は今後この指針に従って行動し、それに反する行動をした時には説明責任が問われます。

コーポレートガバナンス・コードで、株主に不利な増資などは撲滅へ

コーポレートガバナンス・コードは「上場企業の行動指針」です。

金融庁と東京証券取引所が全上場企業に求めるもので、基本的には伊藤レポートと方向性はまったく同じですが、具体的には次ページのように5つの基本原則から成り立っています。**この5つの基本原則については全上場企業が順守するか順守しない場合には説明すること**が求められています。

また、その他に5つの基本原則をより細かく規定した「原則」が30個、それを補足した「補充原則」が38個定められ、東証1部と2部の企業はそれらも含めてすべて順守するか順守しない場合には説明することが求められています。

基本原則1の「株主の権利・平等性の確保」は、大株主に比べて個人株主などが不利益を被らないように求める指針です。

たとえば、株主総会については日程が集中していたり、通知が来てから比較的すぐに開催されてスケジュールがとれなかったりという問題がありなかなか参加できない個人投資家が多いですが、日程面の工夫や議決権の電子行使などそうした状況を解消する方針が示されています。

株主総会よりもっと深刻な問題は、株主の存在を無視したような行為、たとえば、

コーポレートガバナンス・コード

～会社の持続的な成長と中長期的な企業価値の向上のために～

①株主の権利・平等性の確保
- 株主総会に参加しやすいような日程的な配慮や議決権の電子行使の検討
- 持ち合い株など合理性の説明や、基準の策定・開示
- 経営者の地位確保のための買収防衛策を導入しないこと
- 少数株主に不利な増資やＭＢＯが行われないこと

②株主以外のステークホルダーとの適切な協働
- 各ステークホルダーへの価値創造を考えた経営の基礎となる経営理念や行動準則の策定して、それが浸透して順守されるようにする
- 社会・環境に配慮した経営を行う
- 女性の活動促進を含む社内の多様性の確保
- 内部通報ができる体制をつくる

③適切な情報開示と透明性の確保
- 経営理念、経営戦略、経営計画
- コーポレートガバナンスに関する基本方針
- 経営陣や取締役の報酬決定の方針
- 取締役や監査役候補指名の説明

④取締役会等の責務
- 企業戦略の大きな方向性を示す
- 中期経営計画の達成にも責任を持ち、未達の場合の検証・説明を行う
- 最高経営責任者の後継者の計画についての監督
- 経営陣による適切なリスクテイクを支える環境整備。業績連動報酬の導入など
- 経営陣の監督
- 社外取締役は２人以上、必要があれば３分の１以上を選任
- 取締役としてのトレーニングの機会提供
- 社外取締役への情報・連絡面などのサポート体制。必要に応じて調査権限を発動させたり、社外の専門家の助言も得られるようにする

⑤株主との対話
- 経営陣・取締役は従業員・取引先・金融機関と同じように、株主とも対話して意見交換する機会を作り、その声に耳をかたむける
- IR担当、経営企画、総務、財務、経理、法務部等の連携のための方策を取る
- 個別面談以外に説明会などの手段の充実
- 株主からの意見を経営現場にフィードバックするための方策を取る

※コーポレートガバナンス・コードをベースに著者が補足し作成

●高値で新規上場しておいて、その後業績下方修正などをして株価が大きく下がったところでＭＢＯ（経営陣による株式の公開買い付け）が行われて上場廃止にするというような行為

●ＭＳＣＢという株式に転換できて、転換価格も株価下落に伴い安値に変更されるという複雑な仕組みの社債が特定のファンドに対して発行され、そのファンドが空売りなどで安くなったところで大量の株に転換し、空売りの貸し株を返済して利ざやを取るという行為

などが現実的に行われてきたということです。

右のＭＢＯのケースは上場時に買った株主が損失を回復する機会もなく上場廃止されてしまったことになりますし、ＭＳＣＢのケースは発行済み株数が著しく増加することで株価が大幅に下がりやすくなり既存株主が不利益を被ることになります。

今後、このような明らかに一般の株主の不利益になる行為はコーポレートガバナンス・コードに抵触する行為として強く非難されることになりますし、実際にこういう行為は減っていくと思われます。

株主以外のステークホルダー（利害関係者）との適切な協働についても「伊藤レポート」でも詳細に書かれていましたが、従業員を不当にこき使ったり、取引先に不当な条件をゴリ押ししたり、顧客に不適切な販売行為を行ったりということは、長い目で見るとその会社にとって最も大事な経営資源である信頼性を失わせ、長期的に収益力を衰えさせることになります。

長期的かつ持続的な会社の発展を考えると、あらゆるステークホルダー、さらには社会や環境とも適切な関係を築いていく必要があります。

そうした意味で、ステークホルダーとの関係において違法行為や不適切な行為はできる限りチェックされて正されるべきであり、そのために内部通報がしやすい体制を作ることも大事です。

それから、女性の活動促進を含む社内の多様性の確保という点についても、前著で指摘した通り、企業の収益性を長期的に高めていくためには必要なことです。子育てしながら働く女性などはなかなか働きたくても働く場が与えられませんでしたが、子育てする女性の視点がさまざまなアイデアを生むケースは多く見られます。また、経営がグローバル化する中では外国人の視点も役立つことでしょう。そうした意味で、さまざまな性別や国籍や境遇の人たちが活躍することはその会社にとっても望ましいことです。

「独立した社外取締役2名」の威力が発揮される

情報開示については、まずは経営理念、経営戦略、経営計画などを策定することが求められています。そして、経営陣や取締役の選任理由や報酬決定がどのようになされるのか、ということの情報開示も求められています。

こうした方針に従って、今後は経営陣や取締役の人事もより合理的でフェアに行われるようになるでしょうし、報酬体系もより合理的なものに変わっていくでしょう。

「取締役会等の責務」の基本原則については14の原則と19の補充原則から成り立つかなり大きな体系となっていて、念入りに細かく指針が定められています。

特に注目されるのは

- 中期経営計画の達成と未達の場合の説明に責任を持つこと
- 最高経営者の後継者の計画について監督すること

●業績連動報酬や自社株を活用した報酬（ストックオプション）などによるインセンティブの活用
●社外取締役2人以上の導入
などです。

中期経営計画は、策定・発表はするものの未達に終わり、また新しい中期経営計画を出す……ということを繰り返してきた会社も多くあります。日本企業は全体的に中期経営計画の達成率が悪く、未達に対する説明が不足しているということで、特に外国人投資家からは「日本企業の中期経営計画は信用できない」という声も多く聞きます。
そうした声を受けて、取締役会と経営陣には中期経営計画に関して、その策定・達成・説明にもっと責任をもってもらおうということで、それに関する基本原則が作られました。

経営陣の報酬体系についても伊藤レポートで指摘されていましたが、コーポレートガバナンス・コードでも、よりオーナー経営者に近いインセンティブが得られるような業績連動の体系が求められています。

「社外取締役の役割」については独立した社外取締役を2人以上選任する方針が定められていることが目を引きます。

独立した社外取締役というのは、親会社から送られた社外取締役などではなくて、その会社と利害関係がない立場の社外取締役ということです。

伊藤レポートでも詳しく述べられていましたが、取締役会としてはその会社の内部にいて製造・開発・販売・財務などさまざまな分野に詳しい人、社外だけど業界に詳しい人、業界外だけどその業界を含めて幅広く知見を持っている人、などさまざまな視点で会社の経営を監視することが大事です。そうした意味で、独立した社外取締役が2人以上いれば、ある程度多様性が確保できると思われます。

日本を代表する日経平均採用企業の225社については、すでに202社が社外取締役を導入し、そのうち3分の2が複数の社外取締役を置いているということです。

上場企業全体で見ると、まだ社外取締役を置いていないところも多いのですが、2014年には東証1部企業も社外取締役を置いている企業の割合は前年比12ポイントも上昇して74%にまで上がってきています。さらに、2015年に入ってからは、3

月期企業の総会がすべて終了した後、社外取締役を選任している上場企業は全体の80%を超えるもよう（2015年6月27日付け日本経済新聞）とのこと。

しかし、独立した社外取締役ということになると、2人以上おいている会社は東証1部で2割程度（2014年8月現在）。この割合を上げることが今後の日本企業の課題として明確に示されたことなので、今後はこの点も改善していくことでしょう。

規模が比較的小さい企業にとっては、独立した社外取締役2人を維持するのはコスト的に厳しい会社も多いという指摘もあります。そういう場合には必ずしもこのガイドラインを守る必要がなく、どうしてそれができないのかという理由が説明できればいい、ということになっています。

最後に「株主との対話」が求められていますが、これについても掛け声だけでなく、有効な対話ができるように関連部署が連携して対応し、株主からの意見をしっかりと経営にフィードバックする体制・仕組みづくりなど具体的な方策を取ること、その方策をきちんと説明することが求められています。

「新・三本の矢」により、本格的な長期投資の時代が到来する

以上、3章、4章を通じて、伊藤レポート、スチュワードシップ・コード、コーポレートガバナンス・コードという「新・三本の矢」について見てきましたが、3つはまったく同じ方向に向かいながらお互いを強化しあう形、まさに三本の矢として機能し始めています。

それがいかに効果をもたらし始めているかは本書のここまでですでに随分と見てきましたが、企業も機関投資家も大きく動きはじめていますし、変わり始めています。

上場企業はコーポレートガバナンス・コードを、機関投資家はスチュワードシップ・コードをいかに順守するのかを必死で勉強し、考えて、行動し始めています。

上場企業はまずは余剰金の有効活用をはじめ、株主還元や成長投資をさかんに実施し始めています。そうしたことの一つのあらわれとして、外国企業に対するM&Aも2015年に入ってから急増しています。

また機関投資家はほとんどがスチュワードシップ・コードの受け入れを表明して、それを順守するための具体的な方針・方策をホームページなどで公表しています。機関投資家各社が伊藤レポートなどを参考にしながら各自基準を考えて、それに満たない投資先には「対話」をする形で働きかけるようになってきました。また、ROE改善の方向性を示さない経営者には再任拒否の形で議決権を行使する機関投資家も2015年以降急増してきています。

伊藤レポートの取りまとめ役である伊藤邦雄・一橋大学特任教授も、「わが国の株式市場改革、それに連動する形で企業変革が本格化してきた。筆者は過去、これほどの変革の機運を体感したことはない」（2015年4月1日付け日本経済新聞「経済教室」）というほどの状況です。

私自身も資産運用業界の中にいる者として、これまでないような変革の機運を体感し、とても興奮しています。

伊藤レポートが謳うように、「対話大国」、「資産運用大国」が実現できるのではないかと思っています。

そして、過去何十年も言われてかなわなかった「貯蓄から投資へ」というスローガンがついに実現しつつあり、「短期売買から中長期投資へ」という変化も株式市場全体に起こり始めていると思います。

伊藤レポートが指摘しているように、これまで個人投資家の多くが中長期投資ではなくて短期売買を繰り返してきたのは、中長期投資に取り組む気持ちになれるような環境がなかったからだと思います。

中長期的に右肩上がりで成長する企業は少数派であり、中長期投資のために必要な非財務情報も個人投資家には届かない状況でした。

しかし、こうした状況も変わりつつあります。

これからは、中長期的に右肩上がりの成長を見せる企業が増えるでしょうし、中長期投資をするために必要な非財務情報の提供も豊富になるでしょう。

今こそ、一般の個人も貯蓄から投資、そして、短期売買から長期投資へと舵をきるべき時です。

5章

今こそ、日本株を買いなさい

国債暴落はあるか。その時資産価値はどうなるか

国の財政と年金の危機的な状況と、過去に例がないほどの金融緩和、そして、上場企業と株式市場に改革を迫る「新・三本の矢」——。

これらのテーマについて見てきましたが、こうした状況の中で資産運用に関しては、

- **銀行預金や国債は大きく価値が毀損するリスクが高まっている**
- **株式投資はますます有望になっている**
- **特に、短期売買よりも中長期投資が有望になっている**

というのがここまでの結論です。

一言でいうと、「良い株や投資信託を選んで長期投資しましょう」という、私のいつもの主張の繰り返しになりますが、そうした投資によって成果が上がる環境が急速に整ってきた、ということが本書の結論でもあります。

具体的にどのような株や投資信託を選んだらいいのかについてはこの後、具体的に述べていきますが、その前によくいただくご質問について考えてみたいと思います。それは、「国の財政破たんや国債暴落などは起こりませんか。もし来たらどうなりますか」というものです。

今の日本の財政や国債についてはとても難しい問題であり、「大丈夫ですよ」とも「危ないですよ」とも安易に決めつけて答えることはできません。

もちろん、アベノミクスがすべて成功裏に終わって、日本経済が復活することで財政問題や年金問題もきれいに解決していくことが理想的です。

ここまで述べてきたように、「新・三本の矢」によって日本企業と日本株が中長期的に復活していくことについて私はかなり自信を持っています。その点ではアベノミクスは歴史的な成果を上げつつあると思います。

しかし、財政・年金や国債の問題がかなり厳しい状況であることに変わりはなく、あらゆるリスクシナリオを想定しておく必要があると思います。

今後の日本経済のメインシナリオは、年率数%程度とやや高めのインフレとなって、国の借金や年金支給などが実質的に減って問題解決するというものです。

政府・日銀の公式に目指している水準は2％程度ですし、世界で物価上昇率が高い主要国は7％程度というケースもあります。物価上昇率7％だと、物価は10年で2倍になり、国の借金は実質的に半分になります。

インフレになった場合には金利もある程度上がるかもしれませんが、日銀による国債買い入れがかなりの期間続くでしょうから（というより、止められないでしょうから）、金利水準はだいぶ抑えられた状態が続くでしょう。となると、国はほとんど金利負担が増えないまま、債務を大幅に減らすということになります。

その一方で、国債や銀行預金などの実質的な価値は大幅に毀損してしまいます。


もう一つのシナリオは、日本国債がデフォルトしてしまうケースです。デフォルトとは債務不履行のことで、国が借金を約束通りに返せない状態になることです。ハイパーインフレ（高度なインフレ）になって現金の価値がほとんどなくなり、実質的に借金がチャラになるケースも含みます。

このシナリオの可能性としては低いかもしれませんが、これだけ国の借金が多い状態で世界的な金融危機が再発した場合などは、そうなる可能性も否定しきれません。

その場合には、日本経済は一時的に大混乱に陥るでしょうし、株価も大きく下落するでしょう。しかし、**その時に一番被害を受けるのは銀行預金と国債で資産運用している人たちです。**これらの価値は大幅に毀損して、場合によっては紙くず同然になってしまう可能性もあります。非常事態になったことで年金支給もかなり思い切って減額される可能性があります。

かなりざっくり分けると、借金が半分くらいチャラになるか、借金全部がチャラになるか、ということですが、いずれのシナリオでも、銀行預金や国債の価値はかなり毀損する可能性が高そうですし、実質的な年金支給額も減っていく可能性があります。

本来は税金を上げて、社会保障費などの支出を下げて毎年の収支黒字化を図るべきところなのでしょうが、すでに蓄積した借金が1000兆円と大きく、そこから発生する利払いも10兆円近くと税収の2割近くを取られて、なおかつ社会保障費も毎年1兆円単位で増えていく状況ではあまり悠長なことは言っていられません。

ですから、いまだに日本人の大半が銀行預金や国債で資産をため込んでいる状態というのはとてもリスクが高いのではないかと思われます。

「リスクを取らないことが最大のリスク」ということは企業経営の話の時にもいいましたが、今後は資産運用についてもこのことが当てはまると思います。これからの資産運用では、「よく考えて、ある程度リスクを取って運用する」ということが大切です。

リスク資産としては、不動産、外貨資産、金などの貴金属、そして株式や投資信託などが考えられます。

いずれもインフレや経済危機へ耐久力がある投資対象ばかりですが、以下ではそれぞれについて検討してみましょう。

日本の地価が3分の1になる？

低金利と銀行の積極的な融資姿勢が続く中で、ここ最近は個人の不動産投資がかなり活発化しています。Ｊリート（不動産投資信託）も２００８年から２０１５年にかけて軒並み2〜3倍あるいはそれ以上に値上がりしました。

しかし、長期的には日本の不動産は投資対象としてはややリスクが高いのではないかと私は思います。

それは、人口減少が進むからです。ご承知のように日本の人口は2008年の1億2809万人をピークに減少し始め、2015年4月には概算値ですが1億2691万人となっています。まだピークに近い水準なので実感がわきませんが、日本の人口減少は確実に始まっていて、しかも今後加速します。2030年には1億1662万人、2050年には9708万人となる見通しです。

そして、それよりも深刻なのが、経済にとって最も重要な生産年齢人口（15歳〜64歳）が、8103万人（2010年）→6773万人（2030年）→5001万人（2050年）と劇的に減ってしまうことです。

社会の階層化について書いたベストセラー『下流社会』の著者である三浦展《あつし》さんと、麗澤大学清水千弘研究室の共著『日本の地価が3分の1になる！』では、人口動態と地価の関係が詳細に研究されています。そして、経済活動や地価の価格は現役世代負担率（生産年齢人口に対する高齢者人口の割合）によって大きく影響を受け、これが大きく低下する日本では地価が2010年から2040年にかけて62％下落する可能性があると述べられています。

これほど地価が下がることは現時点では想像しづらいところですが、生産年齢人口の大幅な減少とそれに伴う現役負担率の大幅な上昇が今後の日本経済に大きな打撃を与え、地価が下落していく可能性は高いように思われます。

高齢者や女性などが働きやすい環境を整えたり、移民を受け入れることなどにより実質的な生産者人口を増やさないと、中長期的な地価の見通しはかなり暗いものになるリスクがあると思われます。

世界の株や通貨への分散は有望

日本が高インフレになったり財政破たんしたりした場合には、世界経済も一時的に混乱する可能性はありますが、世界経済がそのままダメになってしまうということはないでしょう。

世界的には依然としてIT革命をはじめとしてさまざまなイノベーションが起こり続けていますし、先進国の人たちのように豊かになりたいと高いモチベーションで働く新興国の人たちはたくさんいます。そうした経済成長のエネルギーは当面衰えないでしょう。時々経済的なショックがあっても、それを乗り越えながら成長していくはずです。

そうした意味では、世界の主要国や新興国の株、通貨、債券、リートなどに分散投資をするというのはなかなか優れた投資戦略ではないかと思います。

世界的に見れば、資産運用は海外の資産にも分散投資するというのはリスク管理的な観点で常識です。これまでの日本人はあまりにも国内の銀行預金や債券に偏重した資産運用になりすぎていたのではないでしょうか。今後はある程度国際分散投資していくことが常識になっていくと思いますし、資産運用の一部に取り入れることを検討してみるといいのではないかと思います。

金をはじめとした貴金属も、インフレや経済危機の時には究極の「避難通貨」として買われる傾向がありますし、それは今後も変わらないと思います。ですから、分散投資の一つとして組み入れることを否定はしません。

しかし、金は金利を生みませんし、成長していくこともありません。世界的な需給状況で値上がりすることはありますが、それ自体が収益を生み出していくものではないので、長期的に価値を上げ続けていく性質のものではないと思います。

ですから、金をはじめとした貴金属はあくまでもリスクヘッジの一つとしての役割はするかもしれませんが、資産運用のメインに据えることは、私はお勧めできません。

長期的に見ると株は圧倒的な高パフォーマンスとなる

私が資産運用の本命だと思うのは、一貫して株式投資です。株式こそ最もインフレ対応力があり、長期的に成長性の高い投資対象だと思います。株、国債、預金、不動産のインフレ考慮後の実質的なパフォーマンスのデータを取ると、長期的には株が圧倒的に安定して高いパフォーマンスを示し続けていることがさまざまな研究から知られています。

もちろん、日本が財政破たんした場合には日本株も一時的に急落するかもしれません。そして、もしかしたら何年か低迷してしまうかもしれません。

しかし、企業の生産活動が長期間止まるということはありません。特に世の中に必要とされている企業であれば、一時的な混乱を乗り越えてすぐに企業活動は正常化していくでしょう。そうすれば、その活動からきちんと収益が生みだされ、株主にとってもパフォーマンスが生み出されていくことになります。

日本のお隣の韓国でも１９９７年に通貨危機、そして国の財政破たんの危機に陥り、ＩＭＦ（国際通貨基金）の監視下に置かれることになりましたが、一時的な経済混乱と株価暴落を乗り越えて大きく復活していきましたし、サムスン電子のようにそこから飛躍した企業さえ出てきました。

日本がもしそのような事態に陥っても、**優秀な企業であればそうした危機も乗り越えて長期的に高いパフォーマンスを上げていくことには変わりがない**と思います。

「でも、バブル崩壊後20年以上続く日本株の低迷ぶりを見ていると、株は長期的に高い収益性があるというのは信じられない」というご意見もあるでしょうし、そう思われるのはもっともだと思います。

どうして日本株だけ20年以上にわたり長期停滞してきたのかについては、まさに伊藤レポートのテーマであり、その原因について詳しく分析されています。それはここまででも見たように、第一には経営者にROE向上の意識がなくて、そのためにさまざまな形の非効率性が会社内に横たわっていたということです。人材をはじめとした経営資源がその潜在的な生産性を十分に発揮しないままの状態できてしまいました。

しかし、一部の優秀な企業はその20年間以上の中でも高い収益性と成長性を発揮し続けてきました。そういう会社を選別して投資すれば高い投資成果が得られました。

私自身がそれを実践して証明してきた一人だと自負しています。実際に20年以上資産運用業界にいて、投資信託や年金資金の運用をしてきましたが、コンスタントにトップクラスの高いパフォーマンスを上げてきました。

「良い株を選別して投資する」という本来の株式投資のやり方でやっていけば、それは決して難しいことではありません。

特に今後は、伊藤レポートをはじめとした新・三本の矢によって状況は大きく改善して、長期的に高い収益性と成長性を発揮してくれる企業がかなり増えると思います。そうした意味で、株式の長期投資のチャンスはかなり広がるだろうと思います。

また、もし、自分で銘柄を選んで投資するような時間的な余裕がないとか、自分でやる自信がないなら、きちんとした考えの元で銘柄選別して投資している優秀なファンドを買って保有すればいいわけです。

前著『日経平均を捨てて、この日本株を買いなさい。』でもそうした投資の考え方については述べましたが、最新の状況も踏まえて、株の銘柄の選び方、そして、優秀なファンドの選び方について紹介していきましょう。

「厳選アクティブ投資」ほど有利な投資法はない

株式投資の方法には大きく分けて、

- インデックス投資
- アクティブ投資

の2つがあります。

インデックス投資は日経平均やTOPIXなど株価指数に連動させる運用方法です。具体的には、そうした株価指数に連動する投資信託がたくさんあるので、そうしたものを購入して保有するのです。

それに対してアクティブ投資は、良い株を選んで積極的に高い成果を求める投資方法です。もちろん平均以上のパフォーマンスを目指します。

しかし、投資信託の過去のデータを見ると、アクティブ投資によって運用されるアクティブ投信は、インデックス投信に負けているということが示されています。アクティブ投資の平均的なパフォーマンスはどうしてもインデックス並みになってしまうのですが、コストが高くなる分だけアクティブ投資が負けてしまうということです。

ただし、実際にアクティブ投信といいながらも日経平均に採用されているような無難な大型株ばかりで運用している「手数料が高いインデックス投信」になっているケースが多いです。そうした「アクティブ投信もどきのインデックス投信」がコストの安いインデックス投信に勝てるわけがありません。

また、日本の投資信託には、伊藤レポートも指摘していたような日本固有の問題もあります。それは、投資信託が証券会社の営業によって手数料を稼ぐための回転売買の対象になってきたという問題です。前述したように、営業が販売活動しやすいように旬のテーマで新しい投信が新規設定されてそこに多くのお金が集められては、それが比較的短期間にどんどん解約されて、そして、また新しいテーマの投信が新規設定されて……ということを繰り返してきました。これではファンドマネジャーもまともな運用ができるわけがありません。

さらに、投資信託会社の親会社である大手証券会社や大手銀行のローテーション人事によってファンドマネジャーが数年で異動になってしまい、真にプロのファンドマネジャーが育ちづらいという事情もあります。

こうしたことは大変に困った問題ですが、裏を返せば、「きちんと運用さえすれば株式投資では成果が上げられる」ということがいえます。

中長期的な観点できちんと銘柄選別して行う投資を「厳選アクティブ投資」、そうした運用による投信を「厳選アクティブ投信」と私は呼んでいます。厳選アクティブ投資は手間がかかりますが、それこそが本来的な投資法でありますし、それこそが中長期的に最も高いパフォーマンスを得られる投資法だと思っています。

たとえば、私が運用に携わる「ひふみ投信」は「はじめに」でも紹介させていただいたように4年連続で「R&Iファンド大賞」を2位以内で受賞しました。「ひふみ投信」は「将来性のある成長する会社を選んで中長期投資をする」というごくオーソドックスな投資をしていますが、2008年から6年以上経過して毎年安定した好成績を上げているというのは、厳選アクティブ投資がいかに再現性のある投資法であり、コンスタントに成果を出せる投資法かということを証明していると思います。

もちろん、これはプロとして他のスタッフと一緒に努力した結果でもありますが、一般の個人投資家の方たちでも、きちんとした考え方で良い株を選んで中長期で投資すれば、長い目で見てインデックス投信よりはるかに良い成果が上がると思います。

また、それをする時間がなければ、ぜひ、きちんとした考え方で運用しているアクティブ投信に投資していただければと思います。

ただし、「新・三本の矢」が発動してから1〜2年（2016年あるいは2017年くらいまで）ということに限定すれば、中・小型株だけでなく日経平均銘柄の比較的高いパフォーマンスが続く可能性があると思いますし、その間はインデックス投資でもある程度成果はあげられるでしょう。

それは、新・三本の矢によって、これまでＲＯＥが低かった企業が余剰資金を使って盛んに自社株買いや増配などをすることで株価が上がる可能性があるからです。

しかし、長期的な資産運用を考えるなら、やはり良い銘柄をきちんと選別して長期投資するアクティブ投資が圧倒的良い成果を収められると思います。そこで次には、アクティブ投資における銘柄の選び方について述べていきます。

成長株を探す公式は「株価＝EPS×PER」

アクティブ運用としては今、メイン戦略と期間限定のサブ戦略が考えられます。メイン戦略はオーソドックスな厳選アクティブ投資で、サブ戦略は「低ROEの水準変化を狙う」というものです。

まずは、メイン戦略である厳選アクティブ投資から説明していきます。

これは**「成長性・収益性の優れた会社の株を探して、適正な価格かそれ以下で投資する」**というものです。

実は、「値上がりする銘柄を探すのはそんなに難しいことではない」と私は思っています。これは、正しい考え方を身につければ誰にでもできることだと思います。

株価というのは、株価＝EPS×PERという式で表せます。

EPSというのは一株益（一株当たり純利益）のことです。会社が一年間で稼いだ純利益を発行済み株式数で割って一株当たりの金額を求めたものです。

そして、PER（株価収益率）はEPSに対する株価の倍率であり、これは投資家

図5-1 成長株を探す公式は「株価＝ＥＰＳ×ＰＥＲ」

株価 ＝ ＥＰＳ × ＰＥＲ

ＥＰＳ	ＰＥＲ
１株当たり純利益	株価収益率
利益をみる	**割安度をみる**
これが増えていると会社も成長している	高いと割高、安いと割安。標準は15倍前後

によるその銘柄に対する評価あるいは人気をはかるモノサシです。たとえば、ＥＰＳが１００円の時に株価が１０００円ならＰＥＲ10倍、株価が１２００円に上昇すれば12倍ということになります。このＰＥＲは世界的に見ても15倍程度が平均的な水準ですが、収益性・将来性の面から見て質の高い企業の場合には少しプレミアがついて20倍程度の評価になることが多いです。

この式のＥＰＳかＰＥＲが上がれば株価は上がりますし、両方上がれば、その掛け合わせでものすごく上がることになります。

このうち特に大事なのがＥＰＳです。

このＥＰＳが拡大すれば、投資家からの評価や人気も上がってＰＥＲも上がっていくことが多いからです。仮にＰＥＲが上がらないとしても、Ｅ

PSが長期的かつ継続的に上がれば、株価も長期的かつ継続的に上がります。ですから、株式投資では「どう考えても収益が拡大していくな」と考えられる銘柄さえ見つければいいわけです。

強い収益力の持続性を持つ「朝日印刷（銘柄コード3951）」

たとえば、私の運用ファンドで昔から運用している会社で朝日印刷という会社があります。

この会社は医薬品のパッケージや説明書の印刷で40％程度と圧倒的な国内シェアを握る会社です。

医薬品関連の印刷というのは小ロット多品種の生産ですし、国の医薬品製造の厳しい基準に則って行わなければいけません。しかも、印刷内容に間違いや誤解を生むような表示があっては大変です。人の命にもかかわることですから。

一言でいうと、医薬品関連印刷のビジネスというのは、とても面倒臭いのです。朝日印刷の場合は長年工夫を重ねて、目に見えない技術とノウハウを蓄積して、この面倒臭い作業を効率よく正確に行うことができるようになっています。ですから、業界内での信頼性も圧倒的に高く、クライアントである医薬品メーカーは一度朝日印刷に仕事を発注すると、その仕事に関してはよほどの事情がない限り他社に回すということがありません。朝日印刷がこの分野では圧倒的なトップ企業で高い信頼性を獲得しているからです。

今後は少子高齢化も進み、医薬品の消費量も医薬品印刷の仕事量も増えていくのは確実な情勢です。そうした流れの中で、朝日印刷の業績が中長期的に成長を続ける確率はかなり高いのではないかと思います。

「成長株探し3条件」と「買いポイント」

もう少し具体的にいうと、中長期的に成長する会社の特徴は、

- **ビジネスに何らかの強みを持ち「高い参入障壁」を築いている**
- **その会社の製品・サービスに対する「需要の拡大余地」がある**

ということになります。

朝日印刷の場合にはまさにこの2つが当てはまります。

それに加えて、「伊藤レポート」の観点から、

●ROEが8%以上で、今後さらに改善する見通しがある

という条件が加わると、より成長性に関しては確信が持てる、ということがいえると思います。

このように、参入障壁、需要拡大、ROEという3つの視点で銘柄探しをしていくといいでしょう。

そして、このような会社を見つけて、株を買う株価水準としては、

●「PER20倍前後」をメドにして、できればそれより安い水準

と考えるといいと思います。

朝日印刷の15年5月時点での財務データは次ページのようになっています。

売上高はもう何年も拡大を続けているところなのですが、経常利益の方がここ数年やや踊り場的な動きになっています。これは、今後の需要拡大に備えて新工場を建設するなど積極的な先行投資を行って、足元の利益がややひっ迫しているからです。

そのため、ＲＯＥも７％とこの会社にしてはやや低めになっています。


しかし、これまでの安定成長を続けてきた実績や、今考えた定性的な側面から判断すると潜在的にＲＯＥ８％以上の実力は十分にあると思いますし、今後は先行投資の成果も加わって安定成長が続く可能性が高く、ＲＯＥ８％を超えて一段と向上していくのではないかと思います。

業績が足元でやや足踏みしていることもあり、株価も調整気味ですが、そのおかげでＰＥＲは14・７倍と、標準的な水準になっています。


以上のＲＯＥは機械的に「８％以上だからＯＫ」と判断するのではなくて、それが今後も持続的に維持・向上できるのかを考える必要がありますし、一時的に多少割り込んでいても、今後８％を回復してさらに向上できそうならばＯＫと考えましょう。

図5-2 朝日印刷のデータとチャート

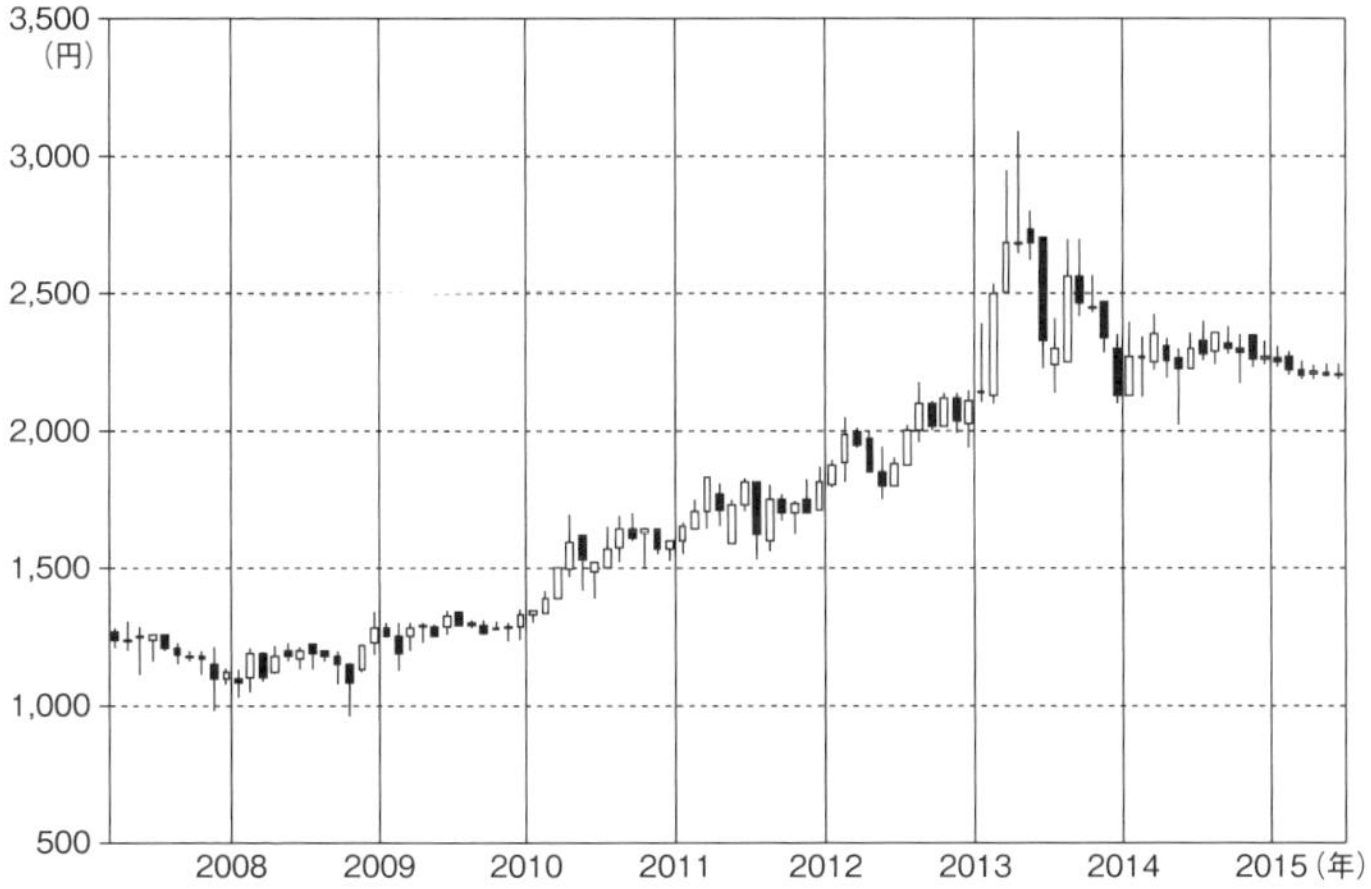

朝日印刷(3951)

【株価】2190円
【URL】http://www.asahi-pp.co.jp/
【決算】3月
【設立】1946.5
【上場】1993.8
【特色】医薬品包装資材首位、化粧品用上位。大手メーカー向け多い。包装機械などの販売も手掛ける

予想PER	14.7倍	予想EPS	149
実績PBR	1.01倍	実績BPS	2,174.80

財務指標	14/03連	15/03連	16/03連予
ROE	7.6	7.5	7.1
配当性向	30.7	30.4	31.5

株価は2015/7/9現在、財務指標は2015/5/27現在

そして、そのように判断するには「参入障壁」と「需要拡大余地」など定性面のポイントを合わせて考えることが大事だということになります。

大化け株は身近なところにある！「青い鳥理論」

朝日印刷の例は一般の投資家の立場ではなかなか見つけづらいと思いますが、こういう地味な裏方企業にも良い会社があるということはぜひ強調したいところです。新聞・雑誌・テレビなどでこういう企業の存在を知ったら、投資対象として検討してみるといいでしょう。**その際のキーワードは、参入障壁、需要拡大余地、ROE、そして買う水準はPERで考えるということ**です。

また、良い投資対象となる会社を探すには、「消費者としての目」が最大の武器になります。

私たちは企業が提供した商品やサービスに囲まれて生きています。そうした中で、「この会社の商品・サービスは今後もずっと必要不可欠だ」というものや、「この会社の商品・サービスを利用する人が増えていて今後も増えそう」というものなどがある

2015年 8月 4日　　領　収　証　　6977
POS:0002-0002-92571

(株)プラネット　様

￥1，620—

但し　書籍代　として

（うち消費税等　￥120）

上記金額確かに領収いたしました。※内側に折って保管して下さい。

〒105−0004東京都港区新橋2丁目東口地下街1号
03−5537−3671
リブロウィング新橋店

担当者No. 00000006

はずです。そのように私たちの身の回りに優良な成長企業はたくさん存在します。

特に、生活の中の新しい変化などにはぜひ注目しましょう。今までにない便利な製品、快適なサービスなどを提供して伸びてきている会社の株は、私たちに何倍あるいは何十倍というパフォーマンスをもたらしてくれる可能性があります。

難しい会社に関心を向ける必要はありません。正解は私たちの身の回りにあります。こうしたことを私は「青い鳥理論」といっています。幸せを運んでくれるのは身近にいる青い鳥だったという物語からつけたネーミングです。

そうした代表的な事例として、前著『日経平均を捨てて、この日本株を買いなさい。』では、スタートトゥデイ（銘柄コード３０９２）、ジェイアイエヌ（同３０４６）、セリア（同２７８２）などを紹介しました。

スタートトゥデイ（データは１６１ページ参照）はファッション専門のインターネットショッピングモール「ＺＯＺＯＴＯＷＮ」を運営している会社です。この分野では草分けで、有名ブランドから知る人ぞ知る高感度ブランドまで多数集結させて圧倒的な強さを誇ります。

ジェイアイエヌ（データは１６２ページ参照）はメガネチェーン「ＪＩＮＳ」を運

営する会社です。低価格で高品質、さまざまな新機能や豊富なデザインで従来のメガネ店の概念をあらゆる意味で打ち破り急成長してきた会社です。

セリア（データは163ページ参照）は100円均一ショップの中でいち早くPOSシステムを導入して効率運営をしたり、明るくおしゃれな店づくりで女性中心に高い人気を誇って成長を続けています。

いずれも日常生活の中で身近にその成長に触れられる会社ばかりです。

前著ではいずれもひふみ投信が買った時点からその時（2011年末）までに何倍にも値上がりしているという話をしましたが、さらに本が出版されたその時点から2015年4月末まで、スタートトゥデイは約2・3倍、ジェイアイエヌとセリアは約5倍程度になっています。

前著を見てから、これらの銘柄を購入した人たちは今頃、嬉しい結果になっていることだろうと思います。もちろん、この各会社は引き続き成長していくだろうと予測しています。

図5-3 スタートトゥデイのデータと株価チャート

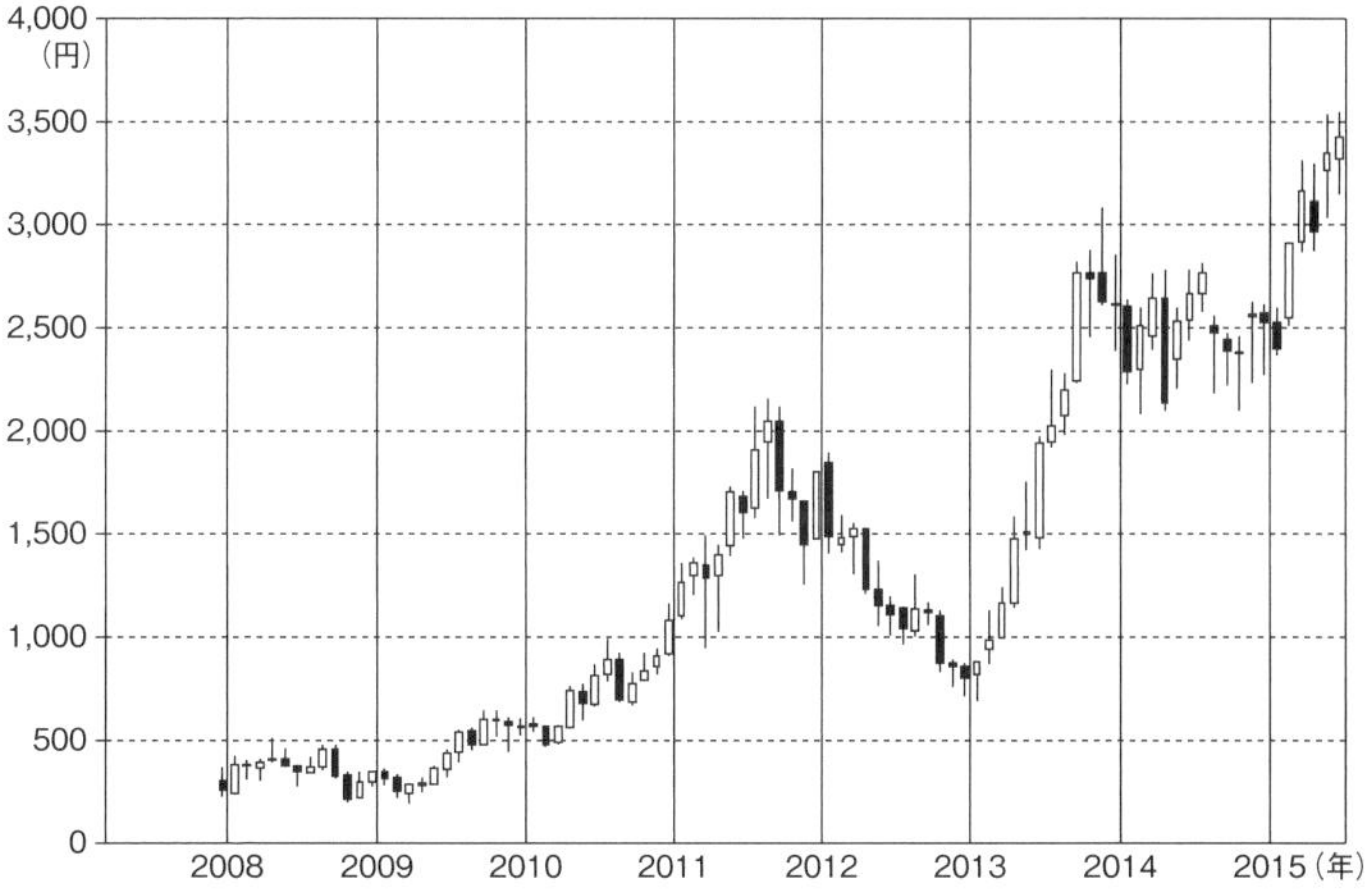

スタートトゥデイ (3092)

【株価】3440円
【URL】http://www.starttoday.jp/
【決算】3月
【設立】2000.4
【上場】2007.12
【特色】衣料品ネット通販『ＺＯＺＯＴＯＷＮ』運営。アパレルブランドからの受託販売手数料が収益源

予想PER	34.99倍	予想EPS	98.3
実績PBR	14.37倍	実績BPS	239.38

財務指標	14/03連	15/03連	16/03連予
ROE	50	40.4	41.9
配当性向	34.3	40.6	40.7

株価は2015/7/9現在、財務指標は2015/5/18現在

図5-4 ジェイアイエヌのデータと株価チャート

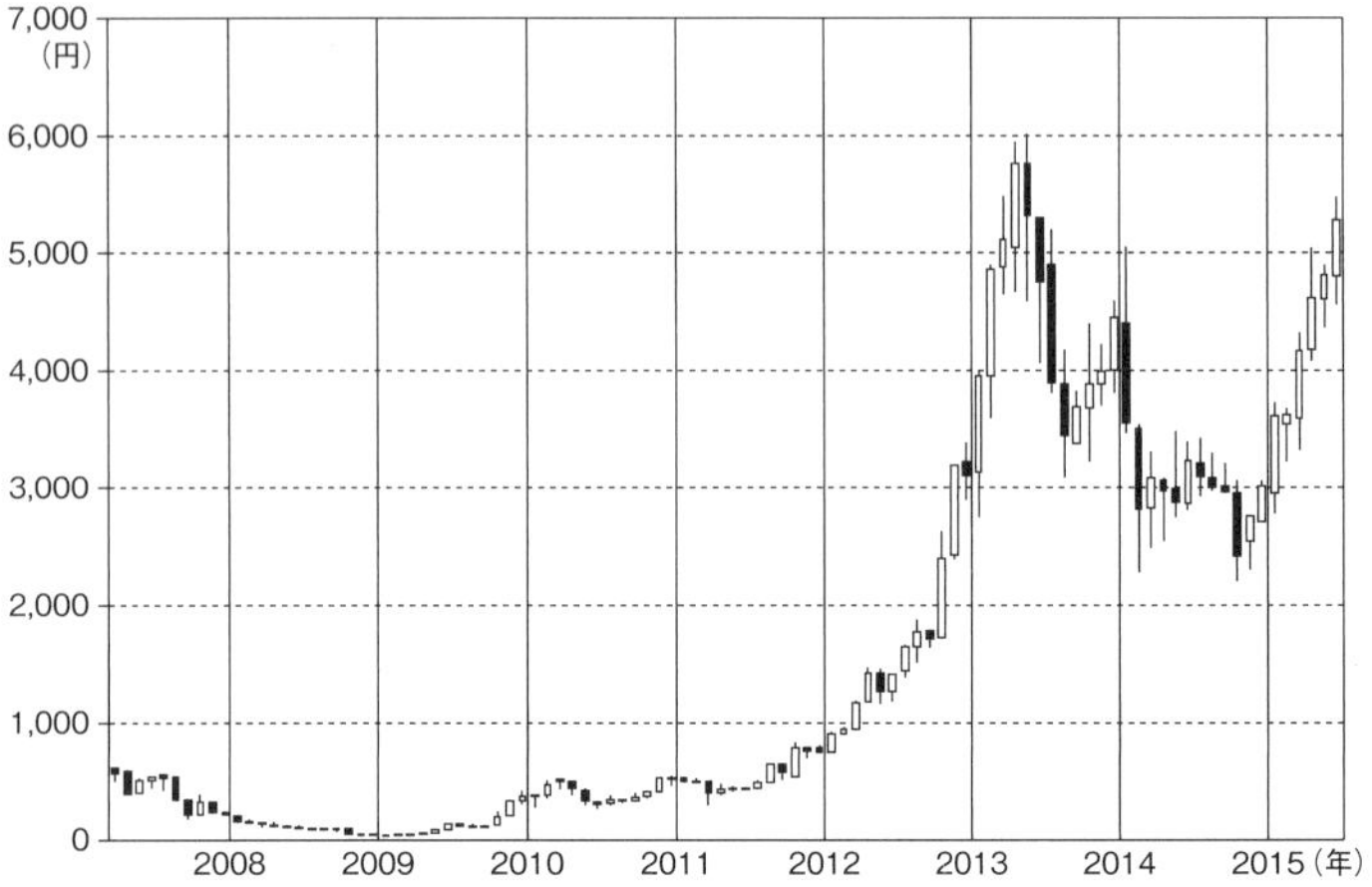

ジェイアイエヌ(3046)

【株価】5380円
【URL】http://www.jin-co.com/
【決算】8月
【設立】1991.7
【上場】2006.8
【特色】均一料金のアイウエア(眼鏡)販売『ジンズ』ブランド展開。ファッション雑貨の卸、小売りも

予想PER	67.17倍	予想EPS	80.1
実績PBR	10.29倍	実績BPS	522.76

財務指標	14/08連	15/08連	16/08連予
ROE	32.4	10.1	15.5
配当性向	28	19.3	20

株価は2015/7/9現在、財務指標は2015/5/22現在

図5-5 セリアのデータと株価チャート

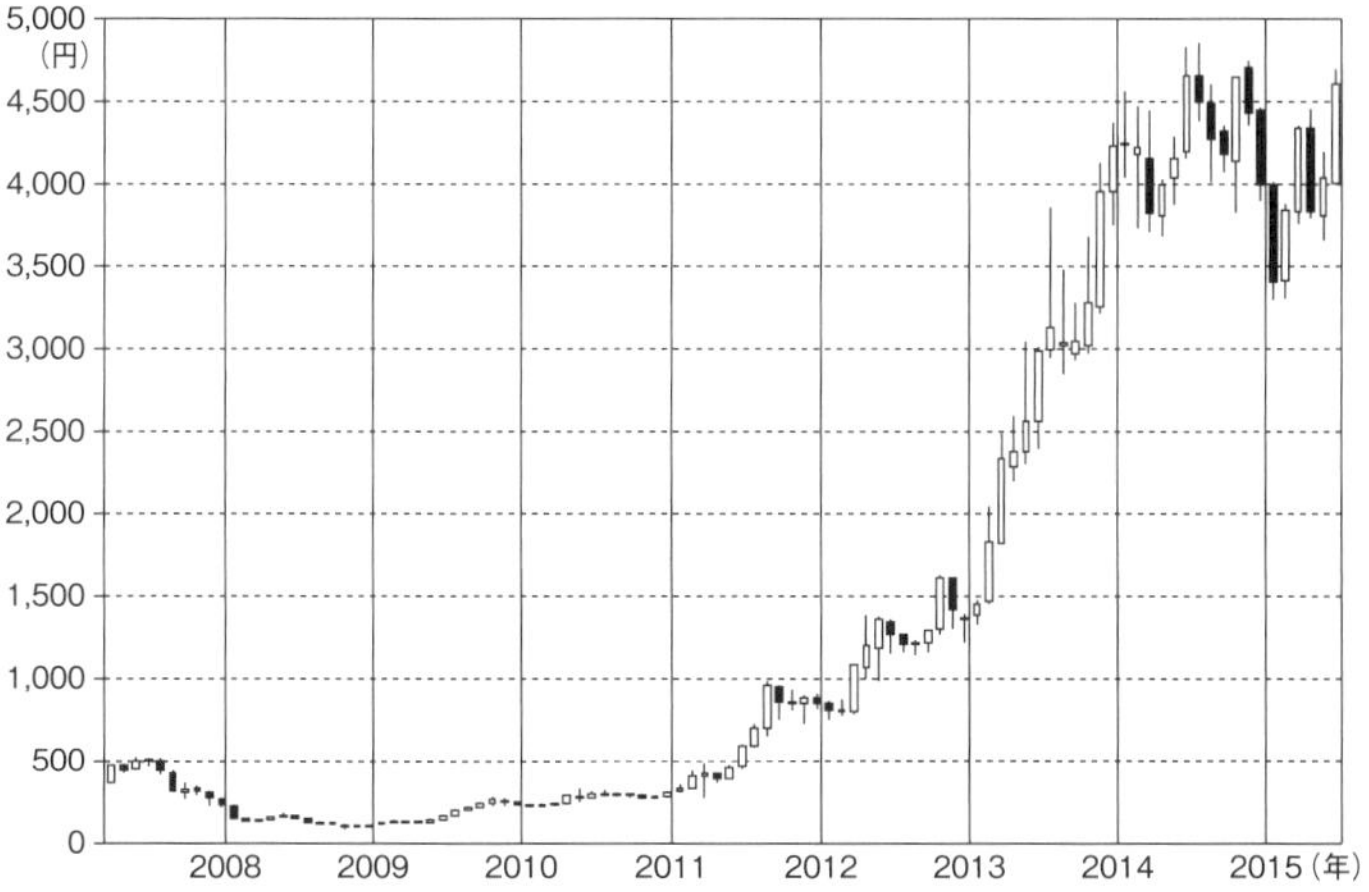

セリア(2782)

【株価】4900円
【URL】http://www.seria-group.com/
【決算】3月
【設立】1987.10
【上場】2003.9
【特色】100円ショップ2位。東海地盤に全国展開。POSシステムを積極活用。FC軸に海外展開

予想PER	26.18倍	予想EPS	187.2
実績PBR	5.59倍	実績BPS	876.77

財務指標	14/03連	15/03連	16/03連予
ROE	25.4	22.2	21.4
配当性向	12.2	14.1	16

株価は2015/7/9現在、財務指標は2015/5/25現在

典型的な高ROE企業は、強いビジネスモデルを持つ会社

この3社の2011年末と2015年4月末時点のROEは161ページからの図5-3、4、5のようになっています。

前著の中ではROEについては触れないでいました。正直なところ、その時も私はそれほどROEを気にしてはいませんでした。

しかし、今振り返るといずれもものすごく高いROE水準でした。

スタートトゥデイは40%~50%という文句なしの高水準です。

ジェイアイエヌは2013年にかけて急成長し、その後はその反動でやや苦しんでいるところですが、田中社長をはじめとして会社一丸となってイノベーションを推進していく姿勢は変わらず、最近ではウェアラブル端末のメガネをオムロンと共同開発したり、アメリカに進出するなど成長意欲を見せています。一時的な停滞を乗り越えてより一層の成長が期待できるのではないでしょうか。

業績が少し停滞していることでROEが低下してしまっているのは残念ですが、そ

れでも予想が15%とかなり高い水準を維持していますし、メガネ店としての競争力の強さと新規ビジネスにチャレンジしていく姿勢を見ると再度、収益性・成長性が高まっていく可能性はあると思います。

セリアにしても20%を超える高いROEをキープしています。

以上のように、各業界の中で独自のビジネスモデルを確立して、圧倒的な成長性や、売上高利益率などを実現している会社は、ほとんどの場合ROEも驚くほど高いものです。

私自身も今現在投資している株や過去に投資した株を振り返ると、ROEを意識していないのに結果的に高かったものが多くありました。

ですから、銘柄選びではROEを明確に意識しつつも、ビジネスの内容から収益性や成長性の高さと持続性を判断することが一番大事ではないかと思います。

逆に、ROEだけチェックして、「ROEが高いから買う」という安易な投資判断をしてしまうと失敗する可能性があると思います。ROEはたくさん利益を稼げば上がりますが、その利益が一時的なものであれば、すぐに下がってしまいます。繰り返しになりますが、あくまでも定性面とROEを合わせて収益性の高さとその持続性を判断していくことが大事です。

伊藤レポートから学ぶ良い銘柄の選び方

すでに見てきたように、伊藤レポートには良い銘柄を探すヒントが満載されています。

特に大事だなと思うのは、伊藤レポートの中で、長期的に高パフォーマンスを上げた銘柄の特徴として挙げている**①顧客への価値提供力が強く、②適切なポジショニングとそのための事業ポートフォリオを持ち、③継続的なイノベーションを行い、④環境変化やリスクへの対応力がある、**という点です。

要するに、「他社では真似できないという価値提供ができて、業界内でのポジションが明確で余分な事業の少ない合理的な事業構成となっていて、そうした強みを維持発展させるためのイノベーションの努力を常に欠かさず、業界や世の中の変化には敏感に対応できる」という会社です。それは、「高い参入障壁を築いてそれを維持・向上する努力をしている会社」と言っていいでしょう。

また、伊藤レポートでは、「企業価値を評価する上で重要なことは、経営者のマネジメント能力」と述べ、

- **経営トップが長期的視点で業界を超えた幅広い世界観を持ち**
- **自社が社会に提供するソリューションや貢献について独自の考えを有しているか**

ということが重要なポイントと述べています。

経営トップが強いリーダーシップを持ち、業界の枠を超えてとにかく世の中のために高い価値を提供して世の中をよくしていきたいという思いと、そのための明確なビジョンを持っているということが重要だということです。

個人投資家の方は会社の経営トップと接する機会はどうしても限られますが、最近は個人向けＩＲに力を入れる経営トップも増えていますし、株主総会、個人投資家向け説明会、説明会の動画、著者、テレビ番組の出演などで経営トップの人となりに触れる機会があれば、それらを積極的に利用して経営者について理解し判断するようにしてみましょう。

以上、「参入障壁」をはじめとして経営面での銘柄の判断のポイントについて見て

きましたが、次は「需要拡大余地」について考えていきます。

「需要拡大余地」については今後の経済の大きなトレンドを押さえていくことが大切です。そこで、私が考える「経済の中長期的な5大トレンド」を紹介したいと思います。

経済の中長期トレンド①
EC化比率（電子商取引比率）の上昇

これは、日本の中長期的な経済展望の中で最も確度が高く続くトレンドかと思っています。

現在の日本のEC化比率、つまり消費のうちインターネット経由の割合は4％程度ですが、それに対してアメリカとイギリスは10％を超えています。

日本のEC化比率は数年程度で米英並みの10％までいくのはほぼ確実だと思います。10％というのは最低ラインであり、米英のEC化比率も10％にとどまらずに15％あるいは20％というようにもっと拡大していくでしょうから、日本のEC化比率も10％を超えてそこからさらに拡大していく可能性が高いと思います。

日本ではこれからますます人口減少が進んでいきますが、そうした中でも電子商取引が拡大していくことはかなり確実なトレンドでしょう。少子高齢化が進む中でお年寄りがネットスーパーなどさまざまな形で、ネット取引で買い物することも増えてくるでしょう。

私の運用するファンドでは今でも楽天やスタートトゥデイなどにそれなりのウエイトで投資しているのですが（15年5月現在）、それは以上のような理由からです。

また、私の運用するファンドでは、15年に新規上場したばかりのショーケース・ティービーの株を相当量買いました。それは、発行済み株式総数の12％程度という多さで社内がざわつくくらいでした。

ショーケース・ティービーはスマートフォン向けのECサイトのコンサルティングと制作の事業をしています。スマートフォンによるネットショッピングに適した販売戦略や、サイトの見せ方などについてコンサルティングを行う専門性の高さに成長性を感じました。

ネットショッピングもこれからパソコンからスマホに主戦場を移していくと考えられます。そうした中でショーケース・ティービーは「EC化」と「スマホ化」の両方のトレンドに乗れる会社なのではないかと判断しました。

このように、ＥＣ化というのは消費者としてもとても身近に感じられるトレンドですし、このトレンドに乗れる企業はさまざまな形で存在しますので、良い投資対象を探す宝庫だと思います。

経済の中長期トレンド②ロボット普及の拡大

中長期的に予想される2つ目のトレンドは「ロボット普及の拡大」です。これもかなり堅いトレンドだと思います。

ロボットは今後の労働人口の減少を補うという期待があります。それは、製造業の現場で労働生産性を上げる必要性や、需要拡大する介護の現場の人手不足解消や労働生産性向上が直近の課題になっていて、社会的な需要の高まりがあるからです。

また、ロボット技術そのものの向上や、インターネット化やＡＩ（人工知能）化などが進んでいて、それらの需要に応えられるだけ技術面も進歩している、という背景もあります。

このように、社会的需要と技術の両面からもロボットの普及拡大の背景が整ってきています。

世界的にもロボット普及の期待が高まっていて、欧米でも中国でも国を挙げてロボット産業の育成を加速させる動きを見せています。日本は本来ロボットの先進国で技術的優位性も高いのですが、海外勢が猛烈な勢いで追い上げ、非製造業では医療ロボットや掃除ロボットなど先を越される分野もたくさん出てきました。

そうした意味でも、日本も海外勢に負けず技術的優位性を生かせるようにロボット産業の育成に力を入れようとの機運が高まっています。

こうした流れを背景にして、経済産業省は2015年1月に「ロボット新戦略」を取りまとめ、今後は国策としてロボット普及を力強く後押ししていく方針が明確に打ち出されています。

具体的には、産官学共同で、

(1)技術・人材の育成や国際標準の獲得・国際連携を目指す

(2)ロボット使用の普及拡大を目指す

(3)ロボット革命の展開・発展

ということです。

市場規模については、2015年から2020年の5年間で、

製造業向けに6000億円→1・2兆円(現状の2倍)
非製造業向けに600億円→1・2兆円(現状の20倍)

という拡大を目指すということです。
そして、それにより労働生産性の伸びを2%以上にすることを目指します。

特に力を入れているのは、世界的に見ても労働生産性の低さが指摘されているサービス業など非製造業でのロボット普及です。サービス業は若者減少による人手不足で人材確保にも苦労する状況になってきており、ロボット導入は切実な課題です。
その代表は介護でしょう。介護は介護士不足も深刻ですし、介護する家族の肉体的

負担もかなり深刻なケースが多い状況です。そこで、ベッドからの移し替え、歩行支援、排せつ支援、認知症の方の見守り、入浴支援を重点分野としてロボット介護機器開発を推進する方針が打ち出されています。

そのほかにも、医療、災害対応、建設、農林水産業における重労働をロボットで代用するなど、さまざまな分野へのロボットの普及を後押しするために、国は電波法、医薬品医療機器等法、介護保険法、道路交通法などさまざまな法律や制度を改正していく方針です。

また、産官学共同で国際標準の獲得、国際連携、実証実験のための環境設備、人材育成などを行い、さらに、コアテクノロジーであるAI、センサー、駆動・制御装置などの研究開発の強化、ロボットOSや機器間通信の規格化に取り組み、インターネット化やAI化などより高度なロボット革命を目指すという方針が打ち出されています。

経済の中長期トレンド③
人材・研修ビジネスの需要が高まる

すでに何度か触れてきましたが、若者減少によって企業の人材確保がとても切実なテーマになってきました。有効求人倍率が高まり、その水準はバブル時を超えそうな情勢です。特に地方経済は人材不足がネックになって景気回復の足かせになっている面がありそうです。

また、今後は雇用形態も今まで常識だった終身雇用や年功序列などが崩れ、多様な雇用形態で実力主義に変わっていくでしょう。そして、人材の流動化もますます進んでいくでしょう。

こうなると、人材派遣、人材紹介、採用などにかかわる人材ビジネスはとても重要になってきますし、ビジネスチャンスがどんどん大きくなっていくと考えられます。希少資源になっていく人材の生産性を高めるための研修も今以上に盛んになるでしょうし、実力主義が広まることで資格獲得など自己研さんも盛んになり、そうした関連のビジネスもますます需要が増えるでしょう。

さらに、福利厚生など本業以外の業務や、本業の中でも他社との差別化にはあまり関係のない汎用的な業務はできるだけ専門業者に任せようという流れも強まるでしょう。そうした中ではアウトソーシングビジネスも成長していく可能性が高いと思われます。

経済の中長期トレンド④
電気自動車の世界的普及が本格化

２０１７年に欧州の排ガス規制が大幅に強化されることが決まっています。これが欧州で電気自動車が本格的に普及するきっかけになりそうですし、この動きが世界的にも広がっていきそうです。２０１７年は電気自動車の本格的な普及元年になると思います。

すでに欧州の自動車メーカーを中心に、２０１７年に向けて電気自動車の新モデルがいろいろと開発中です。各社とも今後の主力車として電気自動車の新モデルを開発していて、かなり本格的なモデルが出てくると予想されます。

この２０１７年に向けて、自動車業界でも電気自動車を巡って具体的にさまざまな動きが出てくるでしょう。たとえば、電気自動車の新モデルに関するニュースや、キーデバイスである蓄電池の増産に関する話などです。

株式市場でもそれを反映して２０１５年後半から２０１６年にかけて電気自動車普及の恩恵を受ける銘柄の物色が本格的に起こり始める可能性があります。

日本においては、電気自動車向けの部品、素材、機械の関連から値上がり銘柄が出てくるのではないかと思います。

そうした動きをかなり早い段階から読んで、さまざまな戦略を打ってきたのが「日本電産」です。日本電産はM&Aなども行いながら電気自動車に必要なモーターのラインナップを充実させて、その分野の売上を順調に伸ばしてきましたが、それが本格的に花開くのはこれからではないかと思います。


電気自動車のキーデバイスは蓄電池ですが、日本のメーカーはその蓄電池を作る各素材で世界シェアトップの企業が多く存在します。そうした会社もこのトレンドに乗って伸びそうです。

その一方で、ガソリン車の仕事で稼いでいた企業の中で電気自動車への移行がうまくできないで衰退してしまう会社も多く出てくるでしょう。

日本企業全体でいうと、「ガソリン車から電気自動車へ」というトレンドはもしかしたらマイナスになるかもしれません。

日本の自動車メーカーも電気自動車を手掛けていますし、その技術力には高いものがあると思いますが、世界的な規格やインフラづくりをして世界標準を握るという点で弱く、電気自動車では欧米勢の後塵を拝している感が否めません。

このように、一口に電気自動車関連といっても本当に競争力のある企業を選別する必要はありそうです。

経済の中長期トレンド⑤
介護ビジネスの拡大とイノベーション

介護ビジネスは少子高齢化の流れの中で拡大し続けていますし、今後も間違いなく需要は拡大していくでしょう。

調査会社の富士経済の予測によると、介護サービスの市場規模は２０１４年に１・１兆円だったものが２０２０年には2・１兆円程度になるということです。

２０２５年には団塊の世代が75歳の後期高齢者を超えることから、２０２０年以降も介護サービスの市場規模は一段と大きくなると考えられます。

ただし、介護関連会社の多くは現在は収益面で苦戦しています。介護サービス業者は主に国から支払われる介護報酬で支えられていますが、国の財政がかなり苦しい状態にあり、2015年にはこの介護報酬総額は2・27%引き下げられました。このように介護サービス利用者は増える一方にもかかわらず、国からの介護報酬がなかなか増えない中で多くの介護施設運営業者は経営に苦労しています。

また、介護スタッフの数が慢性的に足りないという問題もあります。その原因は、重労働の割には平均所得の7割程度と低い給与水準です。国はその問題を認識していて、介護報酬を減らす一方で、職員の月給を1人あたり1万2000円引き上げるための原資を加算する措置を取っています。それでもまだかなり給与水準は低く、介護サービス業者としてはスタッフ数を確保するために給料を上げてはいるのですが、そのことがコスト増となり、一段と経営が苦しくなる状況です。

今、介護ビジネスにこそイノベーションが必要です。「トレンド②」でも述べましたが、ロボット導入を進めて省人化を進めたり、運営のさらなる効率化が求められますし、おそらくそうした方向に進んでいくでしょう。

そして、そうした流れの中で、今後は成長企業がいろいろと出てくるのではないかと思います。足元ではさまざまな問題を抱える介護業界ですが、今後も需要の拡大傾向は間違いないところであり、イノベーションを起こす業者が飛躍する可能性があり、ぜひ、注目して見続けるべきだろうと思います。

期間限定のサブ戦略……
キャッシュリッチで株価上昇余地の大きい株の探し方

期間限定のサブ戦略は、「低いＲＯＥが修正されることで株価上昇余地の大きい銘柄を狙う」というものです。

伊藤レポートでは「最低でもＲＯＥ８％を」と明確に基準を示しているので、それを大きく下回る会社に対しては株主からＲＯＥ向上に向けたプレッシャーがかかるようになると考えられます。

特に、現預金や金融資産などの余剰資金をたっぷり抱え込んでいるのに、それを成長投資や株主還元に使うなどのＲＯＥ向上の取り組みを見せない場合にはその経営者は株主から解任決議をされる可能性がありますので、株主からのプレッシャーはかなりの効果をもたらす可能性があります。

具体的には、

・PBR（株価純資産倍率）が１倍を割り込んでいて、
・ネットキャッシュ（現預金や有価証券から有利子負債を引いたもの）を時価総額の30％以上保有している

というケースでは、余剰資金の有効活用によって、ROEと株価を向上させる余地が大きいと思われます。

もちろん、本業の業績がボロボロで、今後も回復する可能性もないなら、投資対象としては好ましくありません。

できればある程度安定した業績推移で、経営改革によって長期的に収益性や成長性が高められる潜在性がある会社が望ましいです。できれば、「メイン戦略」の対象になるような長期投資に値する優良企業に変身してもらうのが理想的なシナリオであり、投資した株がそのように変貌を遂げたときには、株価何倍増というかなり大きなパフォーマンスを得られる可能性があります。

PBRというのは「株価÷一株純資産」で計算できるもので、株価が一株当たりの純資産の何倍あるかという指標です。

純資産というのは、会社の資産から負債を引いた部分で、純粋にその会社の資産といえる部分です。これが一株当たりいくらかを計算したものが一株当たり純資産、すなわちPBRです。これは会社の決算短信などの資料にも記載されていますし、『会社四季報』などの資料にも記載されている基本的なデータです。

このPBRが1倍を割り込んでくるというのは、その会社が今、解散したらその投資金額よりも多くお金が戻ってくるということで、投資金額よりも資産価値が高い銘柄と言えるのです。

このPBRはその会社の株の額面ともいえる金額であり、ROEが投資家の要求通り7％を持続的に実現しているのであれば、PBR1倍程度に評価されるのが妥当だと思われますし、ROEが7％を超えて8％以上ということになると、PBR1倍超に評価されても妥当だということになります。

ROEが15％とか20％ということになると、PBR2～3倍、あるいはそれ以上の評価になるのが普通です。

一方、ＲＯＥが８％、あるいは７％を持続的に下回っているような会社はＰＢＲも１倍という〃額面価格〃を割り込んでいるのが普通です。

以上のように、ＲＯＥとＰＢＲはセットで見ていくのが基本なのです。

そして、通常は８％を超える高ＲＯＥ銘柄を、妥当な水準かできれば割安な水準で買うというのが株式投資の王道であり「メイン戦略」といえますが、現状としてはそれに加えて、「低ＲＯＥで低ＰＢＲ銘柄の水準訂正が当面続きそうなので、その動きに乗りましょう」というのが「期間限定のサブ戦略」です。

図５－６は、２０１５年６月現在の上場企業でＲＯＥがプラスの企業で、さらにその中でもＲＯＥが５％以下で、時価総額に対するネットキャッシュ（現預金や有価証券から有利子負債を引いたもの）の比率が高いランキングです。この表にある会社は株価上昇余地が大きいと思います。

ぜひ参考にしてみてください。

図5-6 キャッシュリッチで株価上昇余地の大きい株

順位	コード	銘柄名	市場	時価総額（百万円）	今期予想ROE5%以下	ネットキャッシュ／時価総額
1	7022	サノヤスホールディングス	東証	8,606	2.75%	281.8%
2	3083	シーズメン	東証	761	0.99%	205.0%
3	3384	アークコア	名証	500	4.86%	196.7%
4	6635	大日光・エンジニアリング	東証	2,122	1.89%	196.6%
5	1728	ミサワホーム中国	東証	2,862	2.92%	185.9%
6	9827	リリカラ	東証	2,305	1.68%	181.2%
7	7957	フジコピアン	東証	3,418	1.42%	180.5%
8	7297	カーメイト	東証	5,439	1.46%	154.5%
9	3604	川本産業	東証	2,328	4.89%	152.9%
10	7565	萬世電機	東証	3,588	3.91%	151.4%
11	3396	フェリシモ	東証	11,500	0.84%	149.6%
12	9171	栗林商船	東証	4,586	3.97%	149.6%
13	1788	三東工業社	東証	1,379	4.76%	147.5%
14	7901	マツモト	東証	1,094	0.82%	145.8%
15	5979	カネソウ	名証	6,768	3.06%	143.4%
16	7014	名村造船所	東証	71,674	3.49%	141.3%
17	7521	ムサシ	東証	12,633	2.25%	140.9%
18	6716	テクニカル電子	東証	2,259	4.77%	139.2%
19	5953	昭和鉄工	福証	2,243	1.81%	138.5%
20	1897	金下建設	東証	8,850	0.78%	134.7%
21	9913	日邦産業	東証	4,034	4.33%	134.0%
22	2055	日和産業	東証	5,041	2.16%	131.8%
23	6346	キクカワエンタープライズ	東証	3,881	2.60%	130.5%
24	4995	サンケイ化学	福証	1,081	2.35%	130.1%
25	6416	桂川電機	東証	3,571	0.10%	130.0%
26	6112	小島鉄工所	東証	1,475	0.85%	129.4%
27	9885	シャルレ	東証	9,928	2.00%	128.9%
28	4043	トクヤマ	東証	91,264	4.92%	127.6%
29	6839	船井電機	東証	52,606	0.32%	127.0%
30	8127	ヤマトインターナショナル	東証	9,609	0.46%	126.9%
31	7464	セフテック	東証	1,905	4.25%	125.5%
32	6408	小倉クラッチ	東証	6,493	4.69%	125.4%
33	8089	すてきナイスグループ	東証	20,568	1.14%	124.7%
34	2498	ＡＣＫグループ	東証	4,129	4.69%	123.6%
35	8145	中部水産	名証	5,164	1.38%	122.8%
36	2708	久世	東証	2,663	4.77%	122.4%
37	6930	日本アンテナ	東証	9,524	0.09%	121.1%
38	6977	日本抵抗器製作所	東証	2,232	3.40%	119.5%
39	6254	野村マイクロ・サイエンス	東証	3,787	0.81%	119.3%
40	9780	ハリマビステム	東証	1,963	4.88%	119.1%

実際に貸借対照表のチェックポイントを見てみよう

では、実例として富士フイルムホールディングスのケースを見てみましょう。

この会社の株については、私が運用に携わる「ひふみ投信」で14年12月頃に買いましたが、その時の状況について説明します。

188～189ページはその時の最新の決算短信から転載した同社の14年9月期末の貸借対照表です。

まずは「資産の部」から、現金及び預金同等物、有価証券、投資有価証券の数字を拾って合計します。

現金及び現金同等物　663903百万円
有価証券　32022百万円
投資有価証券　158282百万円

※富士フイルムでは「現金及び預金」が「現金及び現金同等物」と記載されている

合計①　　　　　　　　　　　　　　　　　854207百万円

次に「負債の部」から、有利子負債をピックアップして合計します。有利子負債は、借入金や社債などです。

社債及び短期借入金　　　60242百万円
社債及び長期借入金　　315590百万円

合計②　　　　　　　　　　　　375832百万円

ネットキャッシュ（合計①－合計②）　478375百万円

株価3600円×発行済株式数482百万株＝17352百万円……時価総額

※発行済株式数は自己株（自社株買などで自社保有している株で、今回は約3260万株）を除いた数字を使用

ネットキャッシュ÷時価総額＝27・6％

このケースでは時価総額に対するネットキャッシュの割合は3割にやや達しませんでしたが、おおよその水準であり、かなりのキャッシュリッチ企業といえると思います。

富士フイルムという会社の、

●写真事業で培った化学メーカーや光学メーカーとしての技術力
●その技術を生かした医療機器や医薬品事業の将来性
●主力事業だった写真フィルム事業が消滅してもそれを乗り越えて成長してきた「変化・リスクへの対応力」
●会社の知名度、ブランド力など定性面はかなり魅力があり、この時はPBR0・9倍と割安だったこと

を考えると、とても魅力的だと感じました。

また、当時はROE5%程度でしたが、2016年度までにROE7%、それ以降に8%を超えてさらに改善させていく方針を打ち出したところでした。この会社はたっぷり持っていた余剰資金を有効活用して、今後持続的な高ROE企業に変身していく可能性が高いのではないかと判断できる状況でした。

このように、時価総額に対するネットキャッシュ、PBRを一つの目安として、さらに、会社のROEを高めようという意識や、潜在的な成長性などを考えて、総合的に判断していくと、良い長期の投資対象が見つかると思います。

2015年前半、日経平均が2万円前後になった日本株においても、こうしたキャッシュリッチな割安企業は多く存在します。

また、余剰資金を主役として考えるサブ戦略であっても、事業内容をはじめとして定性面のチェックと判断は必ず行う必要があります。どんなにお金を持っていても、事業内容が衰退していくだけのシナリオしか考えられない会社は避けるべきだと思いますし、できれば富士フイルムホールディングスのようにメインシナリオに移行できる可能性のある会社を選びたいところです。

単位（百万円）

科目＼期別	平成27年3月期第2四半期連結会計期間末平成26年9月30日現在	前連結会計年度末に係る要約連結貸借対照表平成26年3月31日現在	増減（△は減少）
[負債の部]			
流動負債			
社債及び短期借入金	60,242	44,731	15,511
支払債務			
営業債務	233,178	244,883	△11,705
設備関係債務	14,501	17,464	△2,963
関連会社等に対する債務	3,202	3,556	△354
	250,881	265,903	△15,022
未払法人税等	20,838	② 21,986	△1,148
未払費用	187,218	183,423	3,795
その他の流動負債	82,310	80,379	1,931
流動負債　合計	601,489	596,422	5,067
固定負債			
社債及び長期借入金	315,590	314,968	622
退職給付引当金	24,905	32,466	△7,561
預り保証金及びその他の固定負債	93,783	84,890	8,893
固定負債　合計	434,278	432,324	1,954
負債　合計	1,035,767	1,028,746	7,021
[純資産の部]			
株主資本			
資本金	40,363	40,363	-
普通株式			
発行可能株式総数　800,000,000株			
発行済株式総数　514,625,728株			
資本剰余金	75,670	75,507	163
利益剰余金	2,067,362	2,036,451	30,911
その他の包括利益（△損失）累積額	14,824	△29,995	44,819
自己株式	△101,531	△101,687	156
株主資本　合計	2,096,688	2,020,639	76,049
非支配持分	186,362	177,584	8,778
純資産　合計	2,283,050	2,198,223	84,827
負債・純資産　合計	3,318,817	3,226,969	91,848

（注）その他の包括利益（△損失）累積額　内訳

	平成26年9月30日現在	平成26年3月31日現在	増減（△は減少）
有価証券未実現損益	47,339	36,878	10,461
為替換算調整額	49,023	15,071	33,952
年金負債調整額	△80,819	△81,882	1,063
デリバティブ未実現損益	△719	△62	△657

図5-7 富士フイルムの貸借対照表からネットキャッシュを計算する

富士フイルムホールディングス㈱（4901）平成27年3月期第2四半期決算短信

4. 四半期連結財務諸表

（1）四半期連結貸借対照表

単位（百万円）

科目 ＼ 期別	平成27年3月期第2四半期連結会計期間末平成26年9月30日現在	前連結会計年度末に係る要約連結貸借対照表平成26年3月31日現在	増減（△は減少）
[資産の部]			
流動資産			
現金及び現金同等物	663,903	604,571	59,332
有価証券	32,022	16,635	15,387
受取債権			
営業債権及びリース債権	607,516	631,258	△23,742
関連会社等に対する債権	26,419	28,969	△2,550
貸倒引当金	△23,667	△23,414	△253
	610,268	636,813	△26,545
棚卸資産	376,828	363,743	13,085
前払費用及びその他の流動資産	150,808	139,935	10,873
流動資産　合計	1,833,829	1,761,697	72,132
投資及び長期債権			
関連会社等に対する投資及び貸付金	41,457	40,972	485
投資有価証券	158,282	138,118	20,164
長期リース債権及びその他の長期債権	159,520	156,767	2,753
貸倒引当金	△3,766	△3,396	△370
投資及び長期債権　合計	355,493	332,461	23,032
有形固定資産			
土地	93,586	92,609	977
建物及び構築物	717,474	708,096	9,378
機械装置及びその他の有形固定資産	1,724,004	1,708,746	15,258
建設仮勘定	20,971	21,518	△547
	2,556,035	2,530,969	25,066
減価償却累計額	△2,027,067	△2,000,732	△26,335
有形固定資産　合計	528,968	530,237	△1,269
その他の資産			
営業権	430,002	423,088	6,914
その他の無形固定資産	82,741	82,398	343
その他	87,784	97,088	△9,304
その他の資産　合計	600,527	602,574	△2,047
資産　合計	3,318,817	3,226,969	91,848

①（現金及び現金同等物＋有価証券＋投資有価証券）

ネットキャッシュ（①ー②）＝478,375（百万円）となる

厳選された優良投信を選べば、長期的に高成績が期待できる

繰り返しになりますが、**株式投資というのは投資家が企業を選別して資金を投じることによって成長性のある企業にはより一層の成長を促し、悪い状態の企業には経営改革を促すという社会的な行為です。**そして、そのような企業を選別する役割を果たしたことの見返りとして投資成果が上がるということになります。

株価は短期的にはさまざまな要因で複雑に動きますが、長期的には会社の業績によって動きますし、投資成果は成長性のある会社を一所懸命に選別する努力によって決まってきます。こうした銘柄選別作業は個人でもできますし、資格も不要、老若男女問わずに可能なものですから、ぜひチャレンジしてみる価値のあるものだと思っています。それは世の中の動きを知るための勉強にもなり、経験を積むにしたがって上達して楽しくなってくるものです。

しかし、そうした銘柄選別にかける時間がないという方はぜひ投資信託の利用を考えてみてください。

投資信託というのは、投資家から集めたお金を資産運用の専門家であるファンドマネジャーが運用して収益を分配する仕組みの金融商品です。いわば、みなさんに変わってプロが銘柄選別して投資するものです。

投資信託の運用状況は運用報告書などで確認できますし、投資家向けの説明会や勉強会をマメに開催する投資信託も出てきています。それらを利用することで、投資信託を保有しながらプロの運用方法を学ぶこともできます。

しかし、残念ながら、前述した通り真のプロと呼べる投資信託のファンドマネジャーが現在の日本ではかなり限られているという問題があります。

その結果として、ファンドマネジャーが銘柄選別して運用する投資信託（アクティブ投信）の大半は日経平均やＴＯＰＩＸなどの株価指数に負けてしまうという状況になっています。

この辺の事情については4章でも述べましたが、運用会社の体制に問題があり、ファンドマネジャーが長期的な視点で銘柄選別してじっくり運用することができないという状況が背景にあります。

大半のファンドマネジャーは常に会社の短期的な評価や販売会社である大手証券・

大手銀行の都合に振り回される中で、3か月ごとの四半期決算を偏重する短期売買か、インデックス運用とほとんど変わらない無難な運用に終始するようになっています。こうなるとコストばかり高くついてまともな運用はできませんし、何より長期的な視点で企業を選別するという肝心な役割が果たせません。伊藤レポートではこうした点を厳しく指摘して、その改善を業界全体に呼びかけており、こうした状況は今後改善されていくことが期待されます。ただし、社内の体制を変えて、その体制をうまく機能させていく、さらに真のプロと呼べるファンドマネジャーが育つのも時間がかかることです。

しかし、数は少ないながらも、真のプロと呼べるファンドマネジャーや、理想的な体制の運用会社が増えつつあることも事実です。そうした投資信託の選び方、そして、私の具体的なお勧め投信についてここから紹介していきたいと思います。

お勧めは国内株式型アクティブ投信、国際型の投信も検討に値する

まず、投資信託の基礎的な仕組みからお話ししていきます。

投資信託は運用スタイルによって、アクティブ型とインデックス型に分かれます。

アクティブ型は積極的に高パフォーマンスを狙うスタイルで、インデックス型は何等かの指数に連動するように運用して平均的なパフォーマンスを狙うスタイルです。また、運用資産によって、国内株式型、国内債券型、国際株式型、国際債券型というように分かれます。また、これらの資産を組み合わせたバランス型というのもあります。

4章でも述べたように、私としてはアクティブ運用による国内株式型がお勧めです。国内株式型のインデックス投信への投資については前著では否定的に書きましたが、伊藤レポート、スチュワードシップ・コード、コーポレートガバナンス・コードなど「新・三本の矢」によって主要企業の経営が改善されていくのであれば、インデックス投信も有力な手段の一つになっていく可能性はあります。ただし、投資の本質というのはあくまでも良い企業を選別して投資するというところにあります。できればそのような選別機能を発揮する優秀なアクティブ投信を選んで投資することをお勧めします。

国内債券型の投信については、本書で述べたように今後リスクが高まる可能性があると思いますので、私としては推奨はしません。

図5-8 アクティブファンドとインデックスファンドの違い

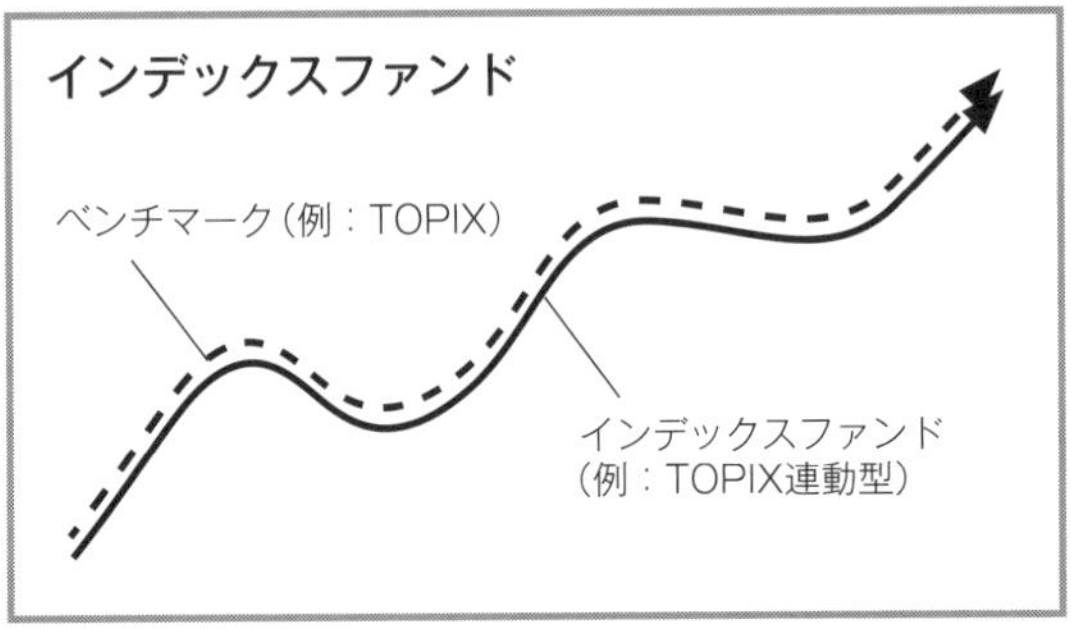

・特定の指数（インデックス）に連動するように運用する投資信託
・日本株であれば、代表的な指数は「日経平均」や「TOPIX」など
・指数連動で機械的に売買するためコストが安い

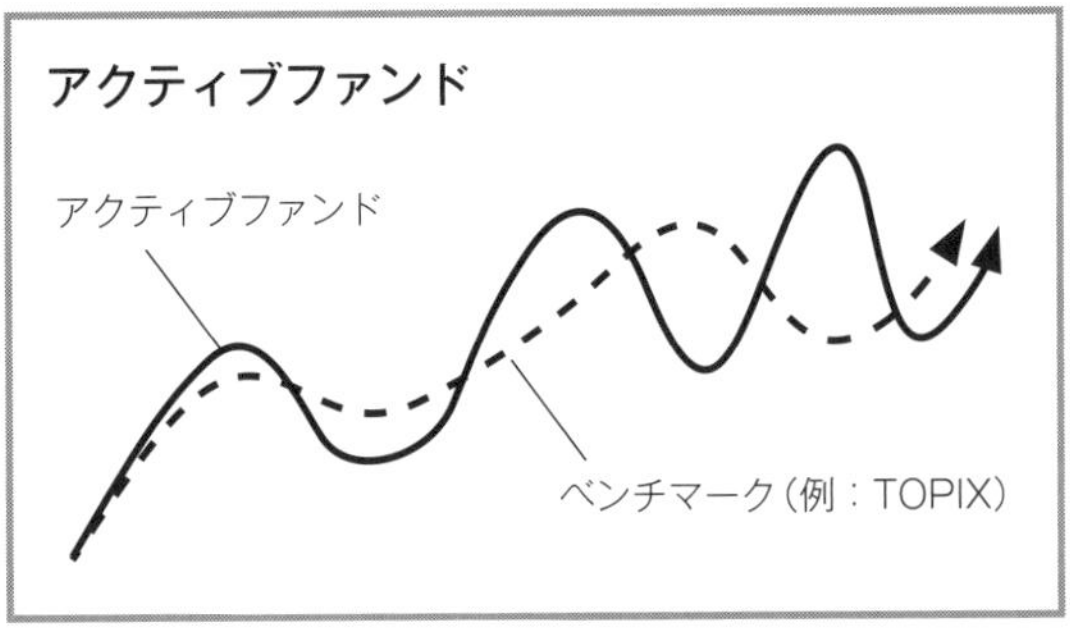

・ファンドマネジャーがある運用基準で選んだ銘柄を組み入れて運用する投資信託
・ベンチマーク（通常は指数）を上回る成績を目指す
・銘柄や地域等の選別が必要なため、インデックスファンドよりコストが高い

また国際分散型の投信については、世界経済の成長性を享受するという観点からも、日本の債券や通貨価値にリスクがあることへのリスクヘッジという意味でも、検討に値する投資対象だと思います。

ということで、国内株式型が一番、国際型が二番のお勧めであり、国内債券型は避けましょう、というのが私の意見です。

良いアクティブ投信を選ぶ4つのポイント

投信のスタイルを選んだ上で、具体的な銘柄の選び方についてみていきます。

投資信託を選ぶポイントは、

①優れたファンドマネジャーが優れた方針で運用している
②中長期的に安定した実績がある
③コストが安い
④純資産額が安定して増えている

などです。

まず、投資信託の良し悪しはなんといってもファンドマネジャーで決まります。実績のある優れたファンドマネジャーが優れた方針で運用しているかどうかが最大のポイントです。

そして、投資信託やファンドマネジャーが優れているかどうかは、過去の実績で判断できます。

投資信託の成績を見るための指標としてはシャープレシオが優れています。シャープレシオというのは、「リターン÷リスク」で計算される指標で、高い数値ほど優秀といえます。

高いリスクをとって運用してたまたま好成績を収めたとしても、その投信が優れているかどうかは判断できません。高いリスクをとっているということは、それが裏目に出れば翌年には大きなマイナスになってしまう危険性も秘めているからです。

たとえば、高リスクで高リターンを上げている投信よりも、低リスクで中リターンを上げている投信の方が優れているといえます。このように、投資信託が優れているかどうかはパフォーマンスとリスクの両方を見るべきですが、シャープレシオはこの両方の要素を加味しているという点で優れているのです。なお、この指標の計算に使うリスクというのは、リターンのバラつきから計算されるものです。

このシャープレシオも1年だけの成績ではなくて、少なくとも3年以上、できれば5年あるいは10年程度安定して好成績を上げているかどうかを見ていくことが大切です。

そうした意味では、毎年発表される「R&Iファンド大賞」は銘柄選びの参考になると思います。「はじめに」でもふれましたが、「R&Iファンド大賞」というのは、日本経済新聞社グループの信用格付け会社である格付投資情報センター（R&I）が主催する投資信託に対する表彰制度なのですが、基準は過去3年間のシャープレシオが使われているからです。星の数ほどある投資信託の中からカテゴリーごとに3位までが表彰されます。

この「R&Iファンド大賞」ですが、私が運用に携わるひふみ投信以外でも、大変うれしいことに、2015年は直販投信の仲間であるセゾン投信の「資産形成の達人ファンド」とコモンズ投信の「コモンズ30ファンド」も受賞しました。直販投信とは、大手金融機関からは独立して運営されていて、投資家に直接販売される投資信託のことです。

セゾン投信の創業者で社長の中野晴啓さん、コモンズ投信の創業者で会長の渋澤健さんは直販投信の良さを草の根運動的に説いて回る「草食投資隊」という活動の仲間であり、この3社のかかわる投資信託が同時に「R&Iファンド大賞」を受賞できたというのは大変に感慨深いものがあります。

草食投資隊というのは変わった名前ですが、「短期的にガツガツ稼ごうとする肉食ではなく、社会的な意義も考えながら中長期的な視点でじっくり投資していきましょう」という意味を込めてつけたものです。

実際に、じっくり中長期的にファンドを保有してもらい、その資金を託された私たちが中長期的にじっくりと運用していくことによって、持続的に高いパフォーマンスを挙げ、社会の役に立つことを目指してきました。このたびこの活動に携わる3人の投信が同時にこの賞を受章したことでも、そのことを証明できたのではないかと思っています。

投資信託選びでは、コストにも注意しよう

さて、話を戻しましょう。

次に投資信託のコストについてですが、これは主に購入時手数料、運用管理費用（信託報酬）の2つがあります。

購入時手数料は購入する時にかかる手数料です。2％以上、場合によっては5％以上のケースもあります。この手数料がゼロという投資信託のことをノーロード投信といいますが、このノーロード投信も増えています。

運用管理費用（信託報酬）はその投信を保有している期間、毎日徴収される費用です。インデックス投信のように機械的な運用の場合には安く、アクティブ投信、特に海外資産で運用するものほど高くなる傾向があります。基本的には運用の手間暇がかかるものほど高くなる傾向にあります。だいたい0・4％～2・5％程度です。

このほか、投資信託によっては、解約時に信託財産留保額がかかるケースがありますが、投資信託が解約に応じる際に資産売却などにかかるコストの相当額を支払うもので0（なし）のものもあります。

できればこれらの手数料は安く抑えたいところです。

特に購入時手数料があまりにも高いケースは注意が必要です。証券会社や銀行は販売手数料を稼ぐことを目論んでいることが多くて、そうした意図からこのコストは年々上昇する傾向にあるからです。

一方、長期的な運用に自信のある投信では、この入口の手数料である購入時手数料を低くしたりゼロにしたりする傾向があります。

図5-9 投信にかかるコスト（手数料）は主に３つ！

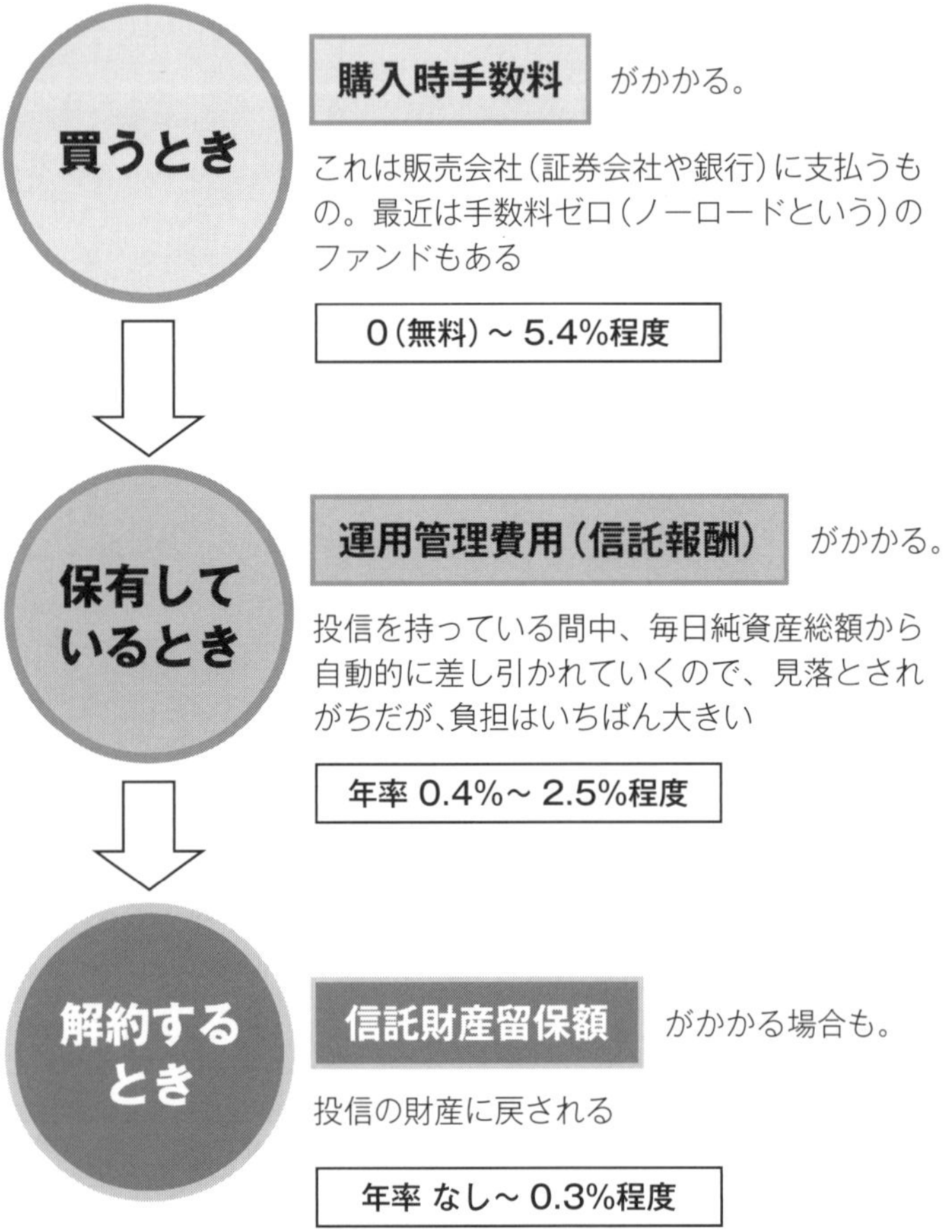
買うとき
購入時手数料 がかかる。
これは販売会社（証券会社や銀行）に支払うもの。最近は手数料ゼロ（ノーロードという）のファンドもある
0（無料）～5.4%程度
保有しているとき
運用管理費用（信託報酬） がかかる。
投信を持っている間中、毎日純資産総額から自動的に差し引かれていくので、見落とされがちだが、負担はいちばん大きい
年率 0.4%～2.5%程度
解約するとき
信託財産留保額 がかかる場合も。
投信の財産に戻される
年率 なし～0.3%程度

運用管理費用については、主に運用という仕事に対する対価なので、どうしてもある程度は発生しますが、やはりあまりにも高いものには注意しましょう。今はネットで投資信託を調べられますので、購入を考えている投資信託と、同じような投資対象のもののコストを比較検討するとよいでしょう。

そしてこれらのコストは運用成績とは連動しません。購入時手数料や運用管理費用が高いからといって成績が良いとは限りませんし、逆に安いからといって運用成績が悪いというわけではありません。運用管理費用の高さと運用成績はまったく無関係です。

投信の販売姿勢も運用成績に大きく影響する

④の「純資産が安定して増えている」というのも重要なポイントです。純資産は、運用がうまくいって増加することはもちろん、新規資金も安定して流入することによって、安定的に増加することが望ましいです。

一方、資金流出が止まらないケースは注意です。こうした場合には、ファンドマネジャーは解約に応じて資産を売却することに追われて、資産運用どころではなくなってしまうからです。

それとは逆に、急激な資産流入というのも危険なサインです。急激に資産が流入しても、それに応じて良い銘柄をすぐに組み込むことが難しいことが多いからです。また、急激に流入した資産は、どこかの時点で急激に流出してしまうリスクもあります。特に、大手証券会社の販売戦略で急激に資金が流入した場合にはそうしたリスクが高まります。

この数年の間にも、あるファンドでこうした事例がありました。

そのファンドは私も大変尊敬しているとても優秀なファンドマネジャーが運用していて、実際に長年良好な成績を上げ続けてきたのですが、ある時に大手証券会社が販売戦略上、そのファンドを短期間で大量販売してしまいます。その結果、そのファンドに資金が急激に流れ込んで、純資産が半年で元の3倍程度に膨らんでしまいました。

これだけ急激に資産が膨らむと、どんな優秀なファンドマネジャーでもそれにうまく対応して運用することができなくなってくると思います。

そして、そのあと株式市場が急落を交えて調整局面に入ると、資産も急速に流失して、1年で純資産額は3分の1となり元に逆戻りしました。その1年の間、ファンドマネジャーはひたすら解約に応じて換金売りすることに追われ、「良い銘柄を探して買う」という作業が落ち着いてできなかったと思います。その期間は特に運用成績も振るいませんでした。

もちろん、ファンドマネジャー自身は大変優秀な方であり、体制が整えばまた復活してくることは間違いないと思います。しかし、それにしても、日本屈指の優れたファンドマネジャーでも販売サイドの都合に振り回されてしまうと実力発揮できなくなるということを目の当たりにした出来事でした。

直販投信というイノベーション

投資信託というのは資産運用の手段としても株式市場の機能を担うプレーヤーとしても大変重要な役割を持つものですが、ここまで見てきたように日本の投資信託業界は大きな問題点をいくつか抱え続けてきました。これらの問題は伊藤レポートによって指摘されたことによって今後改善に向かうことが期待されますが、それよりも一足先にこうした問題を乗り越えて理想的な投資信託を作ろうという流れが生まれ、かなり大きなものとなりつつあります。それが「直販投信《ちょくはんとうしん》」の動きです。

直販投信については前著『日経平均を捨てて、この日本株を買いなさい。』でも述べましたが、1999年に澤上篤人さんが「さわかみ投信」を立ち上げたことが突破口となり、いくつもの投資信託があとに続きました。私が運用責任者を務める「ひふみ投信」もその一つです。

直販投信は大手の証券会社や銀行から独立して、窓口、つまり販売機関に頼らずに基本的に自分たちが直接販売する投信会社です。そのことによって、

- **大手証券や大手銀行の販売戦略に振り回されない**
- **中長期的な観点で独自の運用スタイルが貫ける**
- **販売手数料、信託報酬などを安くできる**

というとても大きなメリットが得られます。

直販投信は販売手数料についてはゼロ、信託報酬も他の同種ファンドと比べて安く設定されています。

また、肝心の経営者やファンドマネジャーは、しっかりした理念とビジョンを持っ

ていて、運用手腕にも長けている人たちばかりです。

そうしたことから、直販投信は全般的にお勧めできます。

私が自信をもってお勧めする「厳選アクティブ投信」はこの5本

以上のことを踏まえて、ここからは具体的にお勧め投信を5つ紹介していきます。

これらの投資信託はいずれも、私自身が投資してもいいと思うものばかりです。


まずは、直販投信であるコモンズ投信の「コモンズ30ファンド」です。

これはすでに紹介したように、私とともに「草食投資隊」の活動をしている盟友である渋澤健さんが創業した運用会社によるファンドであり、2015年の「R&Iファンド大賞」では「NISA　国内株式型」部門で3位を受賞しています。

渋澤健さんはあの渋澤栄一の子孫です。渋澤栄一は江戸時代末期から大正時代初期にかけて活躍した人で、第一国立銀行（みずほ銀行の源流）、東京ガス、東京海上火災保険など500以上の企業や東京証券取引所などの設立にもかかわり、日本の資本主義の父と言われる人です。そして、その血を引き継ぐ渋澤健さんは外資系金融機関で活躍した後、理想の運用会社を作りたいと私財を投げ打ってコモンズ投信を作りました。

「コモンズ30ファンド」の運用方針は「30年投資に耐えられる超優良株30銘柄のみで運用する」というユニークなものです。

運用の指揮を執るのは糸島孝俊さん。大手証券会社でアナリストなどを経た後、年金・投信のファンドマネジャーを13年間務めてきたベテランです。その間、運用する投資信託でさまざまな賞を受賞してきた実力派のファンドマネジャーです。同ファンドは設定時から私も敬愛する吉野永之助さんという伝説的なマネジャーが運用の責任者を務めていましたが、そのあとを引き継いだ糸島さんもとても優秀な方です。

このファンドは投資先企業や投資家たちとのコミュニケーションをものすごく大事にしており、両者と長期的に良好な関係を築くことを目指しています。企業とは対話を通じて企業がより良い方向に向かうことをめざして伊藤レポートでいうエンゲージメントをいち早く実践してきました。また、投資家とはさまざまな説明会、勉強会、イベントなどを盛んに開催して、理解や交流を深める努力をしています。

2本目は鎌倉投信が運用する「結い2101ファンド」。こちらも直販投信です。

この鎌倉投信は、社長の鎌田恭幸さんが、「世代を超えて親しまれる長寿投信を作りたい」、そして「社会に役立ついい会社を投資で応援したい」という思いから設立した運用会社であり、その思いは同社のホームページでも、「100年個人投資家に支持される長寿投信をめざし、300年社会に貢献する企業を支援し、1000年続く持続的な社会を育みます」という言葉で表現されています。

そして、同投信が運用する「結い2101ファンド」は「次なる世紀〝2101年〟に向けて、人と人、世代と世代を〝結ぶ〟豊かな社会を、皆さまと共に創造したい」という想いをこめて名付けられています。

同ファンドは2010年に設定されたまだ若いファンドですが、2013年には「R&Iファンド大賞」国内株式部門で1位（ひふみ投信は2位）、2014年には2位（ひふみ投信は1位）を獲得するという成果を見せています。想いだけでなく、実力も兼ね備えたファンドであるといえるでしょう。

運用の責任者は、鎌田恭幸さんと外資系運用会社で先輩・後輩の関係である新井和宏さん。新井さんについては2015年5月11日に放映されたNHK『プロフェッショナル　仕事の流儀』で紹介されたので、それをご覧になってご存じの方も多いかもしれません。また、その番組放送とほぼ同時期に『投資は「きれいごと」で成功する』（ダイヤモンド社刊）を出版されました。これは私もさまざまな著書の中で長年主張してきたことですが、「きれいごと」を追求することこそ長い目で見て高い運用成績を実現するというのは真実だと思います。私が運用に携わる「ひふみ投信」と、新井さんが運用に携わる「結い２１０１」が「Ｒ＆Ｉファンド大賞」で首位を争う常連になっていることがその何よりの証だと思います。

３つ目は直販投信ではない、大和証券系列の大和住銀投信投資顧問の「大和住銀日本小型株ファンド」。

小型株はなんといっても成長株の宝庫でありひふみ投信でも多く組み入れていますが、その小型株専門の投信としてはこのファンドと次に紹介する「ＳＢＩ中小型割安成長株ファンド　ジェイリバイブ」が2強ではないかと思います。実際、この2つのファンドが「Ｒ＆Ｉファンド大賞」の国内中小型株株式部門でいつも上位になっています。「大和住銀日本小型株ファンド」は同部門で２０１２年から２０１５年にかけて、２位、１位、１位、２位となっています。

同ファンドの最大のセールスポイントは苦瓜《にがうり》達郎さんという驚異的なファンドマネジャーの存在です。苦瓜さんはもともと大和総研で中小型株のアナリストをしており

２００３年からファンドマネジャーになったのですが、圧倒的な調査量に基づく運用がその強さの秘密になっています。会社訪問社数は年間３００社を超えるそうですが、これはおそらく日本一ではないでしょうか。私も会社の訪問社数については自信がありますが、苦瓜さんにだけは負けます。

この「大和住銀日本小型株ファンド」は残念ながら、運用期間が２０１９年６月10日までとなっていますが、運用成績も人気も良好なので運用期間が延長される可能性もあります。そして、このファンドに限らず苦瓜さんの運用するファンドならお勧めできます。

４つ目はＳＢＩアセットマネジメントの「ＳＢＩ中小型割安成長株ファンド　ジェイリバイブ」。こちらも直販投信ではありません。

こちらのファンドについては先ほど述べた通り、小型株専門の投信としては「大和住銀日本小型株ファンド」と2強といっていいでしょう。

「Ｒ＆Ｉファンド大賞」の国内中小型株部門では、２０１２年3位、２０１３年2位で、２０１５年には「大和住銀日本小型株ファンド」を押さえてついに1位を獲得しました。このように、運用成績の安定度は「大和住銀日本小型株ファンド」とともに抜群であり、非常に腕前がいい人たちが運用しているなと感じます。

実はこの投信はエンジェルジャパン・アセットマネジメントという会社が運用のアドバイスをしています。

この会社は中小型株運用に特化した運用助言会社であり、同分野では老舗中の老舗です。「ＳＢＩ中小型割安成長株ファンド ジェイリバイブ」はこの会社の助言が最大限発揮されている有力投信といえると思います。


５つ目はレオス・キャピタルワークスの「ひふみ投信」。

この投信は本書で何度も言及してきたように私が運用責任者としてかかわり、私の20年超のファンドマネジャー人生で培ったノウハウと情熱のすべてを注いで育てている投信です。前述した通り、手前味噌ではありますが、「Ｒ＆Ｉファンド大賞」の国内株式部門で２０１２年1位、２０１３年2位、２０１４年1位、２０１５年2位と圧倒的に高評価をいただいています。

「ひふみ投信」が高い質と高い運用成績を維持し続けているのは、私以外にも5人の優秀な運用チームのメンバーが情熱と理念をもって支えてくれているからです。いずれも優秀で信用できる専門家ばかりですが、中心的存在の湯浅光裕はロスチャイルド・アセット・マネジメントで長年ファンドマネジャーを務め、成績も常に上位争いをしてきた実力者ですし、私と20年以上にわたる付き合いで一緒にレオス・キャピタルワークスを創業したパートナーです。

その他、渡邉庄太、八尾尚志、蛭田純、栗山大介という4人のメンバーもとても優秀でフットワークも良く、私や湯浅も気づかないような銘柄や投資アイデアをよく見つけてくれています。

これからもこの運用部のメンバーで、「お客様の資産とともに、日本の未来も育てる」という志で頑張っていきたいと思います。

国際分散投資を考えるならセゾン投信のこのファンド

さて、国内株式型のアクティブ投信としてお勧めするのは以上の5銘柄ですが、もう一つお勧めしたい投信があります。

それは、セゾン投信の「セゾン資産形成の達人ファンド」です。こちらは全世界が投資対象です。

同ファンドは、「徹底した長期投資」と「徹底した国際分散投資」が可能な投資信託を低コストで提供したいという理念の下、私の盟友である中野晴啓さんが創業した直販投信です。

セゾン投信はすでにかなり認知度が広まっていて、2015年にはついに預かり資産残高が1000億円を超えてきました。投資信託業界では一大勢力になってきたといえます。

セゾン投信は、世界30か国以上の株式と10か国以上の債券に分散投資する「セゾン・バンガード・グローバルバランスファンド」と、世界の優良株に分散投資する「セゾン資産形成の達人ファンド」という2大商品を抱えています。どちらも、世界経済の長期的な成長を享受するための優れた投信です。

このたび私がお勧めするのは、この中で世界の優良株に分散投資する「セゾン資産形成の達人ファンド」です。同ファンドは「R&Iファンド大賞」の外国株式部門で2015年に1位を獲得しました。

セゾン投信の2つのファンドはどちらも優れていると思いますが、海外資産についても私は債券よりも株式の方が有力だと思っていますし、世界経済の成長をより多く享受するには、株式だけを購入対象としているこの「セゾン資産形成の達人ファンド」がいいのではないかと思います。

図5-10 私が選んだお勧め投信

データは2015/7/9現在

ファンド名	運用会社	基準価額	純資産残高（百万円）	販売会社（購入先）
コモンズ 30ファンド	コモンズ投信	23,560円	6,973	コモンズ投信 楽天証券 ＳＢＩ証券 マネックス証券 ほか
結い2101	鎌倉投信	16,288円	17,167	鎌倉投信
大和住銀 日本小型株ファンド	大和住銀投信投資顧問	14,907円	7,464	大和証券
SBI 中小型割安成長株ファンド ジェイリバイブ	SBIアセットマネジメント	25,793円	8,695	楽天証券 ＳＢＩ証券 マネックス証券 カブドットコム証券　ほか
ひふみ投信	レオス・キャピタルワークス	32,495円	22,440	レオス・キャピタルワークス（※）
セゾン 資産形成の達人ファンド	セゾン投信	16,767円	25,509	セゾン投信

販売会社問い合わせ先

楽天証券　0120-188-547／ＳＢＩ証券　0120-104-214／マネックス証券　0120-430-283／カブドットコム証券　0120-390-390／コモンズ投信　03-3221-8730／鎌倉投信　050-3536-3300／大和証券　0120-010101／レオス・キャピタルワークス　03-6266-0123／セゾン投信　03-3988-8668

※「ひふみ投信」（直販のみ）と同じマザーファンドに投資を行い、運用している「ひふみプラス」であれば、ＳＢＩ証券ほかネット証券、地銀20社での購入が可能（2015/7/10現在）

おわりに

2014年の最大の驚きは「伊藤レポート」を目にしたことでした。この本の本文にもその時の驚きを書きましたが、とにかく、政府側からこのような「過激な」内容のレポートが出てくるとは思いもしなかったのです。私自身が思っていた市場の問題点と処方箋がしっかりと書かれていました。

私は草食投資隊という活動も行っています。それはセゾン投信の中野社長、コモンズ投信の渋澤会長、そして私の直販投信の責任者が、ファンドの営業を二の次にして、長期投資の素晴らしさを伝える活動です。伊藤レポートの作成の過程においては、渋澤さんもそのメンバーの一人として積極的に発言も行っています。草食投資隊の考え方も「持続可能な成長」を行う企業や組織に対する長期投資の素晴らしさを伝えることであり、当然にそのような考え方は渋澤さんを通じて、「伊藤レポート」の中にしっかり反映されています。

そしてこの「伊藤レポート」は学者がまとめた単なる自己満足の報告書とは一線を

画しております。実際に「スチュワードシップ・コード」や「コーポレートガバナンス・コード」という行動規範にその精神が十分に反映されており、「伊藤レポート」「スチュワードシップコード」「コーポレートガバナンス・コード」の3つがもうすでに日本の株式市場に「新・三本の矢」と呼んでもよいインパクトを与えています。事実、長年日本株に投資をしていた経験ある外国人投資家ほど、「伊藤レポート」に私と同様に驚き、そして日本株の先行きに楽観的な見通しを持ち始めているようです。

一方で、日本の個人投資家は日経平均株価が1万9000円を超え始めてから売りを続けています。そしてその結果、家計に占める現金の比率がさらに高まっています。もちろん株式市場の先行きを予測することは難しく、実際には2万円を天井に大きく下落相場にならないとも限りません。とはいえ、現状ではPER（株価収益率）は今期ベースで16倍程度。世界水準でも割高圏ではありません。

また本文でお話ししたとおり、日本の政府は貨幣を刷ることで貨幣の価値を少しずつ減価させています。すなわち、日本の個人投資家は将来価値が減っていくものを喜んで保有しているということになります。

「伊藤レポート」で書いてあることが実現していけば、日本の企業の持続的成長が達成されます。そうなると当然、日本の株式市場の価値は上昇します。またそれに貨幣の量が増えればさらに日本の株式にはプラスに働きます。そのことを知っている外人投資家は積極的に日本の株式市場に投資をします。しかし、多くの日本の投資家は将来増える可能性のある資産を売却し、喜んで価値を減価する資産を取得しているのです。そのことが、私が最近特に残念に思っていることです。

多くの投資家は株価の先行きを知りたがります。もちろん私もプロの投資家なので、株価の先行きはとても知りたい。しかし、株価の先行きは何で決まるかというと利益のトレンドで決まります。営業利益が増加していくことが強く予想されているのなら、株価は上昇していく可能性が高く、営業利益が下落するならば株価も下落します。要するに気にすべきことは株価の水準ではなく、利益のトレンドの予想であり、利益のトレンドが予想できれば将来の株価を高い精度で判断することができるのです。

私たちが気にしなければいけないことはなにか。それは日本の企業の利益のトレンドです。企業価値が上昇するのかしないのか。その日本企業の価値向上の大きな動機付けのひとつになりそうなのが「伊藤レポート」なのです。私が現在、中長期の日本の株式市場に対して強気になり始めたのもこの「伊藤レポート」の存在が大きいのです。

しかし、その重要性の割には国民の関心はイマイチです。この本の趣旨はまさにそこにあります。「コーポレートガバナンス・コード」や「スチュワードシップ・コード」を語っている本は少なからずありますし、「伊藤レポート」で指摘をされていたROEを軸としたROE革命について書かれた本もあります。しかし、「伊藤レポート」そのものに対して真正面に向き合い、それが日本の株式市場にどのような影響があるかに答えている本が非常に少ないと感じていました。それがこの本を書いた大きな動機です。

また、ここでは触れるだけにとどめますが、「コーポレートガバナンス・コード」や「スチュワードシップ・コード」に加えて、3番目のコードである受託者責任（フィデューシャリー・デューティー）コードも出てきそうな徴候もあります。

というのは、本文で少し書きましたが、日本の投資信託は販売会社たる親会社が収益の確保のために、系列子会社の資産運用会社の商品を取り扱っており、成績が良い投資信託に必ずしもお金が集まっていません。日本株の投信で成績の良い日本株投信というのは、良い企業に投資をして悪い企業に投資をしないことで成果をあげています。

そのような良い投資信託に資金が集まるということは、運用競争が日本で本格的に始まるということで、これは投資家にとっても日本の企業にとっても長期的には非常に喜ばしいことです。

受託者責任（フィデューシャリー・デューティー）コードは、本当に顧客にとってベストの商品を、手数料稼ぎの道具ではなくきちんとプロが責任を持って資金を預かるということを促すことになります。それが実現すると、伊藤レポートの威力は倍増することになるでしょう。

この本はダイヤモンド社の編集者の木村香代さんに前著に引き続きお世話になりました。いつもありがとうございます。また編集協力の小泉秀希様にもここで感謝をしたいと思います。

私はひふみ投信、ひふみプラスという日本株のファンドマネジャーです。おかげさまで4年連続「R&Iファンド大賞」を取ることができました。なぜそのような成果を出すことができたかというと、時代時代に起きた事象を冷静に正確に分析できたからだと思います。その私が「伊藤レポート」に興奮しているという事実の重みを感じていただけたらと思います。

最後まで読んでいただいた読者のみなさまに感謝をすると同時に、資産形成という意味においても少しでも読者のみなさまのお役に立つことを心から願っております。

2015年7月

藤野英人

［著者］

藤野英人（ふじの・ひでと）

レオス・キャピタルワークスCIO（最高運用責任者）。1966年、富山県生まれ。90年早稲田大学法学部を卒業。野村投資顧問を経て、96年ジャーデン・フレミング投信・投資顧問（現JPモルガン・フレミング・アセット・マネジメント）に入社。中小型株のファンドの運用に携わり、500億円⇒2800億円にまで殖やすという抜群の運用成績を残しカリスマファンドマネジャーと謳われる。2003年8月レオス・キャピタルワークス創業に参加、CIO（最高運用責任者）に就任（現任）。中小型・成長株の運用経験が長く、ファンドマネジャーとして豊富なキャリアを持つ。現在、運用している「ひふみ投信」は4年連続R&I優秀ファンド賞を受賞、さらに「ひふみ投信」「ひふみプラス」を合わせたひふみマザーファンドの運用総額は600億円を超えている（2015年6月現在）。

また東証アカデミーフェロー。明治大学ベンチャーファイナンス論講師、公益社団法人スクールエイドジャパン理事。主な著書には『投資家が「お金」よりも大切にしていること』（星海社新書）、『日経平均を捨てて、この日本株を買いなさい。』『儲かる会社、つぶれる会社の法則』（ダイヤモンド社）、『スリッパの法則』（PHP）、『藤野さん、「投資」ってなにが面白いんですか？』（CCCメディアハウス）などがある。

日本株は、バブルではない

――投資家が知っておくべき「伊藤レポート」の衝撃

2015年7月30日　第1刷発行

著　者――藤野英人

発行所――ダイヤモンド社

〒150-8409　東京都渋谷区神宮前 6-12-17

http://www.diamond.co.jp/

電話／03･5778･7234（編集）03･5778･7240（販売）

装丁――――小口翔平（tobufune）

本文･DTP ―桜井 淳

イラスト――坂木浩子（ぽるか）

製作進行――ダイヤモンド・グラフィック社

印刷――――勇進印刷（本文）・慶昌堂印刷（カバー）

製本――――本間製本

編集協力――小泉秀希

編集担当――木村香代

ISBN 978-4-478-06635-5